品格経営の
時代に向けて

中山健一郎　武者加苗　菊地武 著

日科技連

まえがき

　本書は，従来の品質管理をテーマにした企業経営のあり方を基本としつつも，個別企業の視点にとどまらず，個別企業を取り巻く地域や産業レベルにまで引き上げ，地域産業としての品質経営のあり方を問題としている．

　昨今の企業を取り巻く環境を考えると，少子高齢化という国内市場事情に加えて若年労働者の不足，技能伝承の問題，後継者育成の問題といったヒトにかかわる問題のほか，グローバル化市場対応としての新興市場の誕生と，新たなマスマーケットとして脚光を浴びる新たな富裕層市場，中間層市場への対応など，大きな問題を抱えている．

　先進国企業ほかアジア企業やローカル企業の台頭により，競争環境はますます混迷を深め，複雑性と不確実性の様相を呈しているともいわれる．

　こうした時代背景を踏まえ，大企業，中小企業においても従来の企業経営，とりわけ製造現場やサービス現場を中心とした品質経営を語るのみではもはや品質経営の概念にそぐわなくなっている．マネジメントを捉える視点を少し広げ，また同時に日本中心の視点から世界情勢を俯瞰する視点に立ち，新たな企業経営のあり方を論じるべき時代にきている．

　その意味では，従来の個別企業の視点だけではなく，個別企業を取り巻く市場環境や企業間関係や地域経済性も含めて俯瞰していく視点が必要になる．また，同時に環境変化への柔軟にして臨機応変な対応力と指向性を備えつつ，企業本来の強みを生かしていく経営が必要になる．

　複雑性，不確実性の時代を生き抜く企業経営の道標として，本書では，企業経営の質を向上させつつ，品質経営における品格を意識したマネジメントを「品格経営」とし，そのような経営とは具体的にどのようなもので

まえがき

あるかを述べ，また経営の品格を形づくる論点を明確化し，時代背景や競争環境の変化に対応するマネジメントのあり方を提言していくことにしたい．

『広辞苑(第六版)』によれば，品格とは，「品位，気品」をさし，人物を対象にした言葉であり，本来的には企業経営のあり方に用いる用語ではないため，若干の違和感を覚えるかも知れない．

しかし，企業組織は，4つの経営資源（ヒト・モノ・カネ・情報）から成り立つものであり，その一角を占める人と人との関係性や，個々の人の働きが大きく作用する．C. I. バーナードによれば，企業組織とは，「2人以上の人々の意識的に調整された活動や諸力の体系」であり，組織成立の要因に3要素が不可欠として，①共通目的，②貢献意欲，③コミュニケーションをあげる．品質経営を行うにあたっても企業に属する一人ひとりの協働意識や品格が重要な意味を持つものと理解される．

ここでは品質経営という概念を超えて，『品格経営の時代に向けて』を表題に掲げている．あえて品格という表現を加えることにより，個々人としての品位や気品を重んじた経営参画により，企業経営の質的総合評価を上げていく経営をめざしている．

本書は，以下の5章で構成されている．

第1章「質向上のマネジメントから品格経営へ」では，品質重視の経営にかかわる概念として，「経営品質」や「品質経営」いう用語で説明されてきたこれまでの質向上のマネジメントについての基礎的理解を深めつつ，品格経営へと導く流れや，なぜ品格経営が求められるのかを説明している．

第2章「ISO規格から見る質向上と品格経営」では，そもそもISOとは何かという基礎的概念を確認する．今回のISO 9001の規格改訂において利害関係者の概念が新たに加わった．これにともない，利害関係者のなかで顧客満足とは何か，また顧客が求める製品，サービスとは何か，またISO規格から見える「質」と「品質管理」の構造を探るとともに，創造すべき品格経営のための質や構成とは何かを説明している．そのなかでリス

マネジメント，管理者の力量，組織経営としての力量の重要性を指摘している．

第3章「地域産業分析視点の経営への活用法」では，第2章で重視した複数企業間の品質管理を，複数企業からなるサプライチェーンや地域産業や地域経済にまで視点を拡大し，品質管理において重要視されるデータの活用，データ活用を含めた定量的分析手法について解説する．産業連関表を利用した産業別の投入・産出構造の把握や地域波及効果の推計手法，簡単なモデルを用いたシミュレーションや予測を取り上げている．管理者クラスの品質管理には，データ活用による品質管理のほか産業界の動向を踏まえた予測管理や現状管理の知識活用を要する場面が多い．リスクマネジメントの視点からも今日の品質管理を語るうえで重要な視点である．

第4章「情報品質の向上」では，情報管理，情報セキュリティを理解し，情報品質に対する管理の重要性と品格経営について考える．第3章においてデータ活用の重要性を強調したが，ここでは，データ，情報，知識，知恵の区別を明確化し，情報品質向上のプロセスを明らかにする．高い情報品質は情報管理と情報セキュリティの効果を高め，システム運用にも欠かせない．後段では，情報セキュリティの特性とリスク分析，リスク評価について言及し，リスクアセスメントの重要性を説明する．

第5章「サービス品質向上の重要性」では，サービス品質とは何か，またサービス品質の視点から品格経営のあり方を述べている．サービス品質を捉える視点は，生産者・供給者の視点も重要であるが，消費者や便益を受ける側からの視点も重要である．生産者の視点，消費者の視点を解説しつつ，顧客満足の観点からどのような認知にもとづく品質が存在するのかを狩野紀昭の顧客満足モデル（Kano Model）にもとづいて説明する．また，過剰品質についても触れる．製造業の視点だけにとどまらず，医療・福祉分野でのサービス品質のあり方についても言及している．

なお，初学者向けに，ガイドラインとなるよう，各章末に「より深く学びたい人のために」という項目を設けている．本書だけではなく，関連図書を併せて読み，理解を深めていただければと著者一同，願ってやまな

まえがき

い．

　新たな企画経営を模索する取組みのきっかけは，2014年5月に日科技連出版社の塩田峰久氏からの執筆打診にあった．当初は，近年の品質管理の動向を網羅しつつ，書き溜めた講義ノートをベースに，平易な授業で使用するテキストを思い描いていたが，共同執筆者であり，かつ共同研究者でもある武者，菊地との研究交流を深めるなかで，いつしか単なる教科書構想から脱し，2015年のISO 9001改訂を機に，新しい品質管理の概念を提示しようとの思いが強くなり，共同執筆者の間で定期的な研究会がはじまった．その研究会は2014年6月の最初の会合から数えて延べ13回に及んだ．そのなかで品格経営なる新たな概念が誕生した．

　この概念をより具合的に把握するための調査活動も始まり，中山と武者は，意欲的に企業調査も行った．また，QCサークル北海道支部との交流のなかで概念整理を進めていった．一方，菊地は取引先企業とのかかわりのなかで，本書の基礎概念である品格経営の実態について把握していった．経営実態とISO 9001の改訂との間には，大きな開きがある企業も多い．そのギャップの部分を埋めていくのが，品格経営であろうというのが，著者一同の認識である．紙幅の都合により，事例研究の多くは，コラムのなかで反映するという形で扱ったため，十分な検証や実態概要については触れることはできなかった．今後の課題としたい．

2015年7月11日

著者を代表して
中山健一郎

品格経営の時代に向けて
目　次

まえがき………iii

▶第1章　質向上のマネジメントから品格経営へ………1

1.1　品質概念の変遷………2
1.2　品格経営とは………7
1.3　なぜ品格経営なのか………10
1.4　従来の質向上のマネジメント………13

コラム　「緊急性はないが，重要性のある課題」への対応力………17

より深く学びたい人のために（参考文献と推薦図書）………18

▶第2章　ISO規格から見る質向上と品格経営………21

2.1　ISOとは………21
2.2　品格経営と質向上への「道具」であるISO………25
2.3　業績向上の仕組み………26
2.4　品格経営と人的資源………30
2.5　継続的改善………37
2.6　ISO 22301の概要と海外における活用状況………38

コラム　社員の「やる気」は，「経営ビジョン」から　―歴史から学ぶ―
　　　………42

より深く学びたい人のために（参考文献と推薦図書）………43

第3章 地域産業分析視点の経営への活用法......45

3.1 品質管理における定量的観点の重要性......46
3.2 投入・産出構造の把握　〜産業連関表の活用......48
3.3 経済波及効果分析の実践......53
コラム タカタ，エアバッグ欠陥問題に見る影響の広がり......64
より深く学びたい人のために（参考文献と推薦図書）......65

第4章 情報品質の向上......67

4.1 情報とは......67
4.2 情報品質とは......70
4.3 情報管理と情報セキュリティ......72
4.4 情報セキュリティのCIA......75
4.5 リスクアセスメント......78
4.6 情報と安全管理......79
4.7 マイナンバー対応と安全管理......81
コラム 日本年金機構の情報漏えい......84
より深く学びたい人のために（参考文献と推薦図書）......86

第5章 サービス品質向上の重要性......87

5.1 サービス品質とは......88
5.2 過剰品質としての過剰サービス......92
5.3 品格経営のサービス品質......98

5.4　品格経営に結びつく小集団改善活動………102
5.5　チーム医療と地域医療から捉える品格経営………115
コラム サービスのイノベーション………119
より深く学びたい人のために（参考文献と推薦図書）………120

索引………121

装丁・本文デザイン＝さおとめの事務所

第1章
質向上のマネジメントから品格経営へ

　1980年代以降，我が国にもグローバル化経済の波が押し寄せており，2000年代以降はスピードの経済といわれるように，環境変化への迅速な対応力が競争優位を構築するうえで重要な概念になっている．
　またそれと同時に，国際的なルールのもとでの経済・経営活動が求められており，国際標準化機構が定める国際的な規格であるISOの動向にも注視していく必要がある．
　本章で述べる品格経営はこのISO 9001の改訂版，ISO 9001：2015をにらんだ新しい品質の概念のうえに成り立つものであり，質向上のための新しい経営のあり方を述べていく．
　2015年，ISO 9001が7年ぶりに改訂される．
　ISO 9001とは，製品やサービスの品質保証を通じて顧客満足の向上や品質マネジメントシステムの継続的な改善を実現するための国際規格のことである．
　マネジメントシステム認証機関，製品認証機関などを認定する国際組織として知られるIAF（International Accreditation Forum：国際認定フォーラム）によれば，今回のISO 9001の改訂では大きな変更があるとしている．
　質向上の経営については，これまでも品質重視の経営にかかわる概念として，「経営品質」「品質経営」という用語で説明されてきたが，本書では，それらを区別しつつも一括りに捉え，「質向上のマネジメント」と呼ぶ．
　質を向上させるためのマネジメントとは何だろうか．また品格経営とはどのような経営なのだろうか．従来の品質概念を前提とした経営では，どのような問題があるのだろうか．
　ここでは，品質の概念を整理したうえで，品質管理とは何か，またこれ

までの日本的品質管理の評価を加え，本書で提唱する品格と質向上のマネジメントおよび後述する「品格経営」の具体像に迫る．

1.1 品質概念の変遷

『広辞苑(第六版)』(岩波書店，2008年)によれば，品質とは「品物の性質」である．そして「製品の安定化および向上を図ること」とある．

一方，英語のQualityは，もともとラテン語の「どういう類(具合・程度)であるか」を意味するQual(is)に-ityに相当するラテン語の-itasがついたQualitasから来ており，ある対象の特性・性質を表している．

情報品質やサービス品質という場合，対象は情報やサービスであり，品物そのものではない．本来，品質とは，このように広い対象についての特性・性質と理解するべきであろう．

品質の定義は時代の変遷とともに変化しており，時代や環境にあった品質の定義が行われてきた．そのため，品質の概念は狭くなったり広くなったりしている．

日本における品質の概念は，もともと熟練工の個人芸や技などをさし，組織的な概念としては浸透していなかった．組織的かつ大衆に広く品質の概念が定着するようになったのは，1950年代に入ってからのことであり，ウィリアム・エドワーズ・デミング(W. E. Deming)らによってアメリカから持ち込まれた統計的品質管理をはじめとする管理技術が日本の品質管理の原型を形づくったのである．

次に，日本の工業規格であるJIS(Japanese Industrial Standard)規格の定義および国際標準として知られるISOの定義からも確認してみよう．

JISは，鉱工業品の品質改善，性能・安全性の向上，生産効率の増進などのために用いられる国内規格である．

JISは鉱工業の品質改善や生産の合理化の目的で1949年に制定された工業標準化法のなかで統一された日本工業規格の通称であり，用語や単位を定めた「基本規格」，寸法や品質を定める「製品規格」の2種類によっ

て構成される．

　JIS規格は工業標準化法第15条により，「制定した工業標準がなお適正であるかどうかを，その制定の日から少なくとも5年を経過するまでに調査会の審議に附し，速やかにこれを確認し，又は必要があると認めるときは改正し，若しくは廃止しなければならない」と定められており，5年ごとに見直しの機会が与えられている．通常，その見直し機会では，技術進歩などにより現状にそぐわなくなったときには「改正」，規格として何ら意味がなくなったものや規格体系の整理統合などによる「廃止」，改正や廃止を行う必要がなく，そのまま存続となる「確認」の3種類に区分される．

　JIS制定当初は，メイドインジャパンの信頼確立と生産性の向上に重点が置かれていたが，1960年代には産業振興，輸出振興，公害の防止や安全衛生，消費者保護，1970年代には省資源・省エネルギー，1980年代には国際化への対応，1986年以降は情報化・新技術への対応へと比重が移っている．

　また，1980年代に入ってISO規格とJIS規格の整合化への動きがみられ，1995(平成7)年の日本工業標準化調査会第341回標準会議において，JISの規格票様式を国際規格票様式に原則合わせることになった．

　1981年に制定された旧JIS Z 8101：1981では，品質は「品物又はサービスが使用目的を満たしているかどうかを決定するための評価の対象となる固有の性質・性能の全体」とされていたが，2006年に制定されたJIS Q 9000では，「本来備わっている特性の集まりが，要求事項を満たす程度」と変更された．この特性とは，そのものを識別するための性質であり，また要求事項とは，「明示されている通常暗黙のうちに了解されている，又は義務として要求されているニーズ又は期待」であるとされている．

　ここでいう要求事項とは何だろうか？

　要求事項には二面性があると考えられていて，明示された要求事項と，明示されない(暗黙の)要求事項がある．

　明示されている要求事項とは文書や仕様書などで具体化された要求事項

を指し，明示されない要求事項とは，顧客や利用者から具体的に明示されていないものの，製品として当然，備わっているべき基本的な性能などがこれに該当する．

　明示されない要求事項を満たすためには，例えば，天候や気象条件，湿度や温度変化，使用環境などの状況を踏まえて耐久性を考え，素材を選択するなど，予測できる事態を想定して，製品を設計・製造する側でしかできない配慮や思想を顧客からの要求事項のなかに含めていく．また，設計・製造する側があらかじめ想定していない範囲についても顧客の要求事項として取り入れていくこともある．例えば，アンケート調査や質問票などを活用し，市場調査などから顧客の要求事項の分析を行い，潜在的なニーズをくみ取って設計・製造段階に反映させていくことなどがそれに当たる．このように，品質を捉える視点は実に多様である．

　そもそも品質概念は，歴史的には供給者目線で語られてきた．そのため品質は製品品質という狭い概念で理解されている傾向があるが，時代変遷とともに品質の概念はより広くなっている．

　より具体的には，最終製品としての品質からそれを生み出すためのプロセス面での品質，そしてモノづくりに向けた企業内部組織だけでなく，顧客との接点に至るまでの品質へと企業経営レベルにまで品質の概念は広がってきている．

　従来，一般的な品質管理のテキストで紹介されてきたのは，表1.1のような4つの品質概念である．

　表1.1の品質概念は，やや製造業を意識した品質の定義に偏っているものの，受給者や顧客，消費者といった視点に接近する形になっている．アカデミックな世界では生産者主権，消費者主権という2つの視点が論争を呼んだが，品質概念は，消費者の購買心理や購買行動，製品の品質そのモノだけでなく，サービス方法や環境をも含めて捉えられている．

　しかし，現実には供給者は供給者の視点から，受給者や消費者はそれらの側から固有の品質を捉えがちであった．双方の概念が歩み寄る機会は「顧客満足」という言葉が世に登場し，双方の立場から意識されるまであ

表1.1 4つの品質概念

	品質概念	対象となるもの
1	市場品質	クレーム件数・内容，不満情報，消費者ニーズ，他社品の比較情報など
2	企画品質	製品企画の基本事項(コンセプト，基本性能，価格，外観イメージなど)
3	設計品質	図面，仕様書，部品表など
4	製造品質	実際の品質(結果としての品質／平均値・標準偏差，検査結果，工程内品質不良件数・内容など)

(出典)　古谷浩：『現代の生産管理』，学文社，2000年，pp.114-115より筆者作成．

まりなかった．

　日本に品質の概念やその管理のあり方を広めたデミング博士の供給業者に対するメッセージは，「品質に対する意識：Quality consciousness」であり，「品質に対する責任：Quality responsibility」であった．

　デミング博士の講義録和訳版によれば，品質に対する意識とは，「良好なかつ均等な製品をつくろうという情熱，また品質に対する責任とは，品質を保証するということであり，その品質に対する世間の信用を築きあげるという努力である」．

　今日，品質を形づくるにはモノやサービスを提供する側からの一方的な努力だけでなく，製品やサービスに対する顧客の声と生産現場へのフィードバックが必要である．つまり，顧客からの評価を真摯に受け止め，対処しなければならなくなってきている．これを怠ると，顧客には伝わらない可能性のある独りよがりの品質にとどまる可能性がある．

　多くの企業が顧客満足経営を掲げる一方で，顧客満足という言葉だけが一人歩きをして，本質的な活動や経営に結びついていないことがよくある．

　また，グローバル化の進展により多種多様な文化や慣習，また嗜好性の違いなど，市場は拡大しているが，不確実性の高い時代においては，顧客のニーズを把握するだけの品質概念だけでは顧客満足を図れないこともあ

る.すなわち,表面化している顧客ニーズばかりでなく,潜在的ニーズへの配慮や顧客ニーズそのものを創造することも重要になってきている.

　品質を顧客満足度のなかで捉えるにしても,用意し提供したモノやサービスが顧客にどのような使われ方をするのか,その使われ方を通じてどの程度の満足度を得ているのか,また提供するモノやサービスが顧客の満足度と整合しているのかどうかなど,その評価は非常に難しくなってきている.

　一般的に,品質の対象とされているものには以下がある.

① 　製品と製品自体の性質(有形的対象)

　　機能性,性能,安全性,信頼性,操作性,環境保全性,経済性,見栄えの良さ,使い勝手など

② 　顧客の心理にかかわるもの(無形的対象)

　　満足感,安心感,期待性など

③ 　仕事そのものやプロセスにかかわるもの(有形的対象,無形的対象含む)

　　手順,方法,道具,情報,能力など

　本書の視点では,品質は特定の業種や業界に適用されるものではなく,あらゆる組織のマネジメントにかかわるものとしている.品質は,社内の一人ひとりの品質意識や責任意識だけではなく,固有のモノやサービスを提供するに至るプロセスにかかわる企業間関係や,地域にかかわる一人ひとりを対象としている.1企業だけではなく,1つの製品やサービスを生み出す過程においてかかわるすべての企業組織の従業員はもとより,経営者層や地方自治体をも品質の対象としている.そのため,個々の企業経営の経営方針や日常的管理レベルから,経済単位としての地域,地域ブランドや取引関係をベースにした産業連関としての地域エリアも含めて考察する.品質は供給者,顧客のそれぞれが交差し,共鳴するところで生まれるのである.

1.2　品格経営とは

　『広辞苑(第六版)』によれば，品格とは，「品位，気品」をさし，人物を対象とした言葉で，本来的には企業経営のあり方に用いる用語ではない．

　しかし，バーナードによれば，企業組織は，「2人以上の人々の意識的に調整された活動や諸力の体系」であり，組織成立の要因には①共通目的，②貢献意欲，③コミュニケーションの3要素が不可欠としている．したがって，経営を行うにあたっても，企業に属する一人ひとりの協働意識や品格が重要な意味を持つものと理解される．

　品格は，個々の人間性を示しているようにも思われるが，モノづくりの世界では，1人の力ではモノづくりは難しいため，協働と分業により成り立っている．モノづくりに見る品質を問うのであれば，それは直接的間接的を問わず，そこに携わるすべての人々にかかわる概念となり，その範囲は個々の企業を超えて，グループ企業や取引企業も含めた企業間関係，地域経済性にまで及ぶ．

　品格経営は，これまで個々の企業をもっぱら対象にしてきた「経営品質」や「品質経営」という枠組みで語られる経営ではなく，企業の連関や社会性，地域性も含めた総体としての経営のあり方を問うものである．

　昨今の企業を取り巻く問題はさまざまである．まず少子高齢化という国内市場の事情に加え，若年労働者の不足，技能伝承の問題，後継者育成の問題といったヒトにかかわる問題がある．そして，グローバル化時代の本格的到来を受けて，新興市場が相次いで誕生している．新たなマスマーケットとして脚光を浴びる中国など，新興市場の新たな富裕層，中間層の出現，さらには先進国の企業のみならず，アジアの企業やローカル企業が台頭した．その結果，競争環境はますます混迷を深め，複雑性と不確実性の様相を呈している．また，海外進出を展開する企業は，大企業だけでなく，中小企業にも拡がり，その業種は製造業だけでなく，小売業やサービス産業分野，医療・福祉分野にまで拡大している．

　こうした時代背景を踏まえ，従来の企業経営，とりわけ製造現場やサー

第1章　質向上のマネジメントから品格経営へ

ビス現場を中心とした品質経営を語るのみでは，もはや品質経営の概念にそぐわなくなっている．マネジメントを捉える視点を少し広げ，また同時に日本中心の視点から世界情勢を俯瞰する視点に立ち，新たな企業経営のあり方を論じるべき時代にきているのである．

したがって，従来の個別企業の視点だけではなく，個別企業を取り巻く市場環境や企業間関係や地域経済性も含めて俯瞰していく視点が必要になる．また同時に，環境変化への柔軟にして臨機応変な対応力と指向性を備えつつ，企業本来の強みを生かしていく経営が必要になる．

複雑性，不確実性の時代を生き抜く企業経営の道標として，本書では，企業経営の質を向上させつつ，品質経営における品格を意識したマネジメントを「品格経営」と呼ぶことにする．

品格経営は，ヒト・組織の管理的範囲，またその関係性といった空間的範囲の再考を通じて，現場管理からマネジメントに至る幅広い領域においてモノづくり環境の経営を構築するものである．

ヒト・組織の対象の範囲は，正規従業員だけではなく契約社員や派遣社員も含まれ，また現場に携わる労働者のみならず，中間管理職や経営者層が含まれる．つまり，有形・無形のモノづくりに携わる組織構成員が対象になる．品格経営は，日常管理から方針管理といった定常的な管理から，将来的なリスクや潜在的なリスクへの対応を含めた非定常的な管理までの領域を管理の対象としている．将来のリスク予測やその対策を先取りすることで，不変的な部分の厚みを増し，結果としてモノづくり経営モデルの普遍性を志向するものである．

さらに，品格経営においては関係性の範囲を，元来，ステークホルダー（利害関係者）として位置づけられてきた取引先，関係企業も含めた企業だけでなく，それらの企業がかかわる社会や地域にまで広げている．すなわち，個別企業だけでなく，モノづくりの連関となる取引関係をベースとする企業間関係やサプライチェーンや，経済的単位をベースにした地域経済性や地域ブランド性も，モノづくり価値の規定要因としてその範囲に含めている．

1.2 品格経営とは

品格経営とは，これまで日本企業が培ってきた，またグローバル競争を展開するうえでコア能力を形成してきた高品質，高付加価値志向の製品開発設計やモノづくりは維持したうえで，環境変化により生ずるリスクを管理するとともに，企業連関，質的総合評価の領域拡大によりリスクの低減化を図り，モノづくり経営モデルとしての普遍性をより強固なものに変えていくことをめざすものである．

品格経営のイメージを図1.1に示す．

図1.1は，横軸に企業の連関レベル，縦軸に定常性レベルを置き，従来の品質経営のあり方を多面・複眼的に捉え，総体としての外観的評価にとどまらず，内面的評価にも着目した質的総合評価の重要性を説くものである．品格経営においては，以下の3つの軸をもとに，管理レベルの引き上げを志向する．

① 管理の定常性レベルの引き上げ

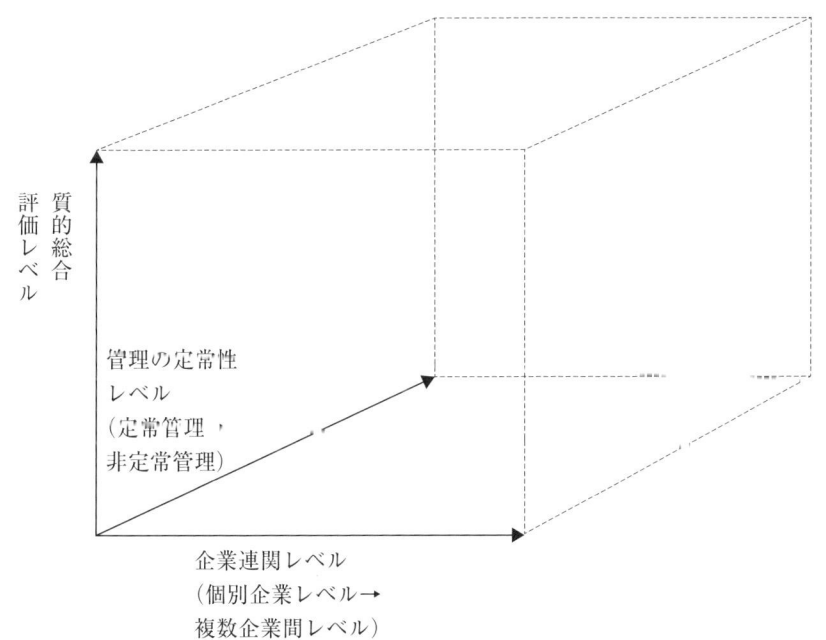

図1.1 品格と質向上のマネジメント概念図

② 企業連関指標の取り入れ
③ 質的総合評価レベルの引き上げ

①の「管理の定常性レベルの引き上げ」では，従前の定常管理から非定常管理の領域にまで踏み込み，それを定常管理化することにより，管理の定常性レベルを引き上げる．

②の「企業連関指標の取り入れ」では，個別企業レベルの品質管理から複数企業間，地域レベルでの品質管理の向上と徹底化を志向する．

③の「質的総合評価レベルの引き上げ」では，不確実性・複雑性の時代に対応したサプライチェーンの見直し，トレーサビリティの強化を通じ，供給者から最終顧客までの質的安全性の確保に加え，顧客価値の創造性，未然防止力，スピード対応力，人的資源の向上，再現性に努める経営への転換を志向する．

これにより，個々人の品位や気品を重んじ，すべての組織構成員の経営参画により，個々の企業経営，企業間関係における経営，地域関係性のなかで，経営の質的総合評価をあげていく経営をめざすのである．

近年，こうしたマネジメントへの転換を図る企業も増えてきている．

例えば，自動車メーカーのスズキはインドから低コスト技術（自動変速機）を移植し，日本のモノづくり経営に活かしている．また，自動車音響機器・情報機器メーカーのアルパインでは，人材育成強化の観点から，中国における新人研修を日中混成チームで行うなど，2010年代半ばにして管理レベルの引き上げを試みる企業例は増えてきている．

1.3 なぜ品格経営なのか

日本経済は，1990年代末以降，大きな環境変動を繰り返してきた．

経済指標の一つである為替変動だけを捉えても1990年代以降，円高，円安の双方に大きく振れてきた．

例えば，2007年から2011年の4年間を見ると，2007年6月に1ドル124円だった為替相場が，2011年10月には75円まで下落し，急速な円高

1.3 なぜ品格経営なのか

が進行した．実に4年間で約40円ものスピード円高であったことがわかる．一方，2012年から2014年にかけて2年間では，2012年11月の1ドル＝80円台から2014年には120円台まで円安が進行し，2年間で約40円の円安が一気に進行するなど，経済環境の変化は加速度的に進行している．

こうした例を単純化して考察するならば，環境＋から環境－に転じ，さらに環境－から環境＋に転じる変化が短期間で進行し，かつ，大きな変動をもって変化してきたと認識することができる（表1.2）．

さて，このような経済環境の変化に日本のモノづくり経営は，モノづくりを変容させることによって適応してきたのだろうか．あるいは，そもそもある程度の環境変化に柔軟に適応できる汎用的なモノづくりを志向し，構築してきたため適応できたのだろうか．

昨今の環境変化の激しさを考えると，環境変化に合わせてその都度，モノづくりのあり方を変えていくような経営は難しい．

実際に，これまで日本企業の競争力の一つとして考えられてきた高品質を軸とする高付加価値製品やサービスに資源の集中と選択を行う戦略は，2000年代以降に生起したBrics（ブラジル，ロシア，インド，中国，南アフリカ）をはじめとする新興国市場において，必ずしもマスマーケットである中間層市場に対して競争力を発揮し得ていないのが現状である．

いくつかの理由があろうが，その一つに，これまで日本企業が先進国市

表1.2　問題意識の整理

環境＋	環境－	環境＋	日本的品質管理
モデル確立	モデル変容	①旧モデルへの回帰思考 再適合（復元性を仮定）	有用性 or 限界性
		②新モデル追究思考（復元性を否定）	有用性 or 限界性
	モデル変容しない 汎用モデルの追究	③モデルの普遍性思考 汎用モデルの追究思考	有用性 or 限界性

第1章 質向上のマネジメントから品格経営へ

場に供給してきた高付加価値，高品質商品が，新興国市場の中間層に対しては適合せず，より現地のニーズに適合した商品開発が求められていることがあげられる．こうした問題は，品質をめぐる経営のあり方にもかかわってくる．

個々の市場環境に適合した商品開発やサービスの開発は重要ではあるものの，すべての企業が市場環境に応じた個性的な商品開発やサービス開発ができるものではない．

特に，経営資源に限りのある中小企業においては，資源の有効活用のためにも，強みのある経営資源への集中を行い，個別市場への環境適合よりも，できる限り環境変化に柔軟に対応し得る汎用性の高いモノづくり経営のあり方を考えていくべきであろう．

なお，この考え方は大企業においても，ある程度適用可能である．

環境変化に対して，既存のモデルやシステム，様式や方法論を根底から見直してゼロベースで再構築することは，それに要するコストや時間の観点から迅速性が失われる可能性があり，現実味を欠いている．環境が変化しても，競争力の源泉かつコアになり得る部分は維持し，見直す部分と新たな課題を明確にすることが，迅速な対応につながる．新たな視点で組織や制度，管理の最適化を志向するのである．その際，新たな部分を付加し，変化させる部分を選択することでコストや時間の最小化を図る．その意味では，環境変化への対応は，全体のなかの部分の取捨選択を通じて調整が行われているといえる．

また，こうした対応の適格性や判断の正確性も重要な要素になる．環境変化への対応力は，進化のベクトルの創出とローリングにより能力蓄積が図られていく．もっとも環境変化への対応において付加される新たな視点や課題の部分への対応は，さらなる環境変化のなかで陳腐化することもあり，すべてが不変的要素になるわけではない．

環境変化への組織対応能力を高め，持続的な競争力を高めるためには，見直される部分や新たな視点・課題があまり広く，多すぎると最適合までのコスト，時間をより多く必要とし，最適合するまでのその間の競争力を

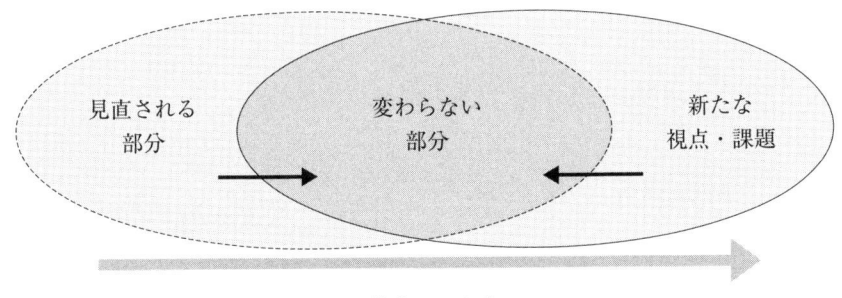

図1.2　環境変化への対応のあり方

喪失する可能性が高くなる．したがって，見直される部分，新たな視点・課題の領域を相対的に少なくしていくことが肝要である．このことはモノづくり経営モデル，日本的品質管理についても同じである．

　本書の品質概念では，この見直される部分，新たな視点・課題の部分の存在を否定するものではない．品格経営においては，この2つの変動領域を方針管理（PDCAサイクル）のなかで図1.2のように，変わらない部分である汎用領域に落とし込んでいくことにより，環境変化に強い経営体質とともに，モノづくりの品質を構築していこうとするものである．

1.4　従来の質向上のマネジメント

　これまで，品質をめぐる経営モデルについては，経営品質，品質経営，日本的品質管理といった用語が多用され，説明が行われてきた．

　特に経営品質と品質経営はよく似た意味にも思えるが，英訳すれば以下のようになる．経営品質はBusiness management Qualityであり，品質経営はQuality Managementである．

　経営品質は，1987年にアメリカにおいて制定された「マルコム・ボルドリッジ国家品質賞」を範として，日本でも1995年に社会経済生産本部（現日本生産性本部）が「日本経営品質賞」を創設したことから，脚光を浴びるようになった．

第1章　質向上のマネジメントから品格経営へ

　日本生産性本部によれば，この企業表彰制度の目的は，「顧客視点から経営全体を運営し，自己革新を通じて新しい価値を創出し続ける「卓越した経営の仕組み」を有する企業を表彰するもの」であるとしている．

　また，日本経営品質賞の推進機関である経営品質協議会によれば，経営品質とは「組織の継続的な経営革新に取組み，「卓越した経営」をめざすこと」にあり，以下のような8つのカテゴリーにおけるアセスメントの重要性を説いている．

1) リーダーシップと社会的責任
2) 戦略の策定と展開のプロセス
3) 情報マネジメント
4) 組織と個人の能力向上
5) 顧客・市場理解のプロセス
6) 価値創造プロセス
7) 活動結果
8) 振返りと学習のプロセス

　経営品質協議会の考え方に立てば，経営品質とは「組織運営」の「質」のことであり，「組織が長期にわたって顧客の求める価値を創出して，市場での競争力を維持するための仕組みの良さ」となる．いくらモノがよくても，組織全体が顧客に信頼されなければ意味はなく，顧客の信頼を勝ち得てこそ，企業存続があるという考え方に立っている．

　富山県経営品質協議会の経営品質の定義では，「競合他社との比較のうえで評価され，支持されるべき企業活動のトータルな質」としており，業績向上だけの顧客重視姿勢から，企業の「あらゆる部門・あらゆる業務」を「お客様の要求・期待の視点」から見直すことが重要であるとしている．

　以上が経営品質にかかる主要な考え方であるが，本書で問う品格経営と，経営品質との接点は多い．

　『経営品質の理論』（寺本義也，他著，生産性出版，2015年）によれば，「経営品質の本質とは経営の品性・品格でもあり，それは経営者，管理

者，従業員の品性・品格を具現化したものである」である．この意味からすると，経営品質と経営の品性・品格を同義と捉えることもできる．

　一方，品質経営については，前述のとおり Quality Management であり，ISO 9000 シリーズの Quality Management と重なるため，品質経営 = ISO 9000 との見方もできるが，まず，品質経営の定義を確認してみよう．

　『クォリティマネジメント用語辞典』(編集委員長：吉澤正，日本規格協会，2004 年)においては，「品質経営」は以下のように説明されている．

　「ほぼ，TQM と同義．TQC が TQM といわれるようになった流れの中で，TQM を総合的品質経営あるいは品質経営というようになった．その場合は，経営管理のツールを指すが，品質を重視する経営姿勢や経営方針自体を品質経営ということもある．ISO 9000 シリーズでは，品質管理を品質マネジメントの一部と定義するようになったが，従来，わが国では品質管理は総合的品質管理というように広い意味でも使われてきた．一部では品質を製品の品質というイメージでとらえる人もいるので，品質経営を「質」経営という場合もある」．

　品質経営を従来の TQC(Total Quality Control)，TQM(Total Quality Management)と同定義としつつも，結果としての品質に加えて，プロセスの質，マネジメントの質といった品質による経営で，経営の質を高めていく概念が含まれていると理解することができる．

　また，『品質管理学会規格　品質管理用語 JSQC-Std00-001：2011』(日本品質管理学会，2011 年)では，「品質経営」と同義と見られることが多い「総合的品質管理／総合的品質マネジメント／TQM」を以下のように定義している．

　「品質／質を中核に顧客及び社会のニーズを満たす製品・サービスの提供と，働く人々の満足を通した組織の長期的な成功を目的とし，プロセス及びシステムの維持向上，改善及び革新を全部門・全階層の参加を得て様々な手法を駆使して行うことで，経営環境の変化に適した効果的かつ効率的な組織運営を実現する活動」．

第1章 質向上のマネジメントから品格経営へ

　上記の品質経営の定義概念のなかには，環境変化への対応，品質改善による企業体質強化，事業や仕事のプロセス面で経営の質向上，部分最適から全体最適，問題解決から未然防止の観点が網羅されている．

　また，日本において品質管理教育の普及に大きく貢献してきた久米均は，品質経営は「利益を生みだす事業の基盤を品質によって確立し，品質によって企業を継続的に発展させようとする経営」であるとし，従来の品質管理以上に経営の革新を求め，経営者のリーダーシップや関与を重視している．

　このように，経営品質，品質経営には顧客満足の最大化，顧客価値の創造といった視点の置き方の相違はあるものの，相共通する認識や概念も多く，大差はない．しかしながら，やや品質経営の概念のほうが継続的な改善を通じての方法論に具体性がある．その根幹は日本的品質管理を導いてきたSQC，QCサークル，TQCやTQMにあるといえよう．

　ISO 9000における品質経営もQuality Managementと英訳されるが，ISOの場合，基本的な考え方や方針はあっても，それをどうやって実現するのかというHowはなく，Howの部分は個々の企業の方法に任されている．

　ISO 9000には，以下にあげる「品質マネジメントの8原則」があり，それが基本的な考え方になっている．

　　原則1　顧客重視
　　原則2　リーダーシップ
　　原則3　人々の参画
　　原則4　プロセスアプローチ
　　原則5　マネジメントへのシステムアプローチ
　　原則6　継続的改善
　　原則7　意思決定への事実にもとづくアプローチ
　　原則8　供給者との互恵関係

　ISO 9001：2015の改訂を機に，経営品質，品質経営やISO 9000の動向を踏まえつつ，見落とされたモノづくり経営の領域を取り込み，視野を広

げた形でモノづくり経営のあり方を見るのが，品格経営である．

ここで注意が必要なのは，品質として扱う対象は，個別のモノやサービスであるという認識に陥りやすいことである．もちろん，個別のモノやサービスは対象になるが，そのモノやサービスを提供するうえでのプロセスも重要であり，これらも品質の対象である．したがって，直接，最終消費者や顧客に提供しないものであっても，モノやサービスを提供するまでのプロセスが，品質を形づくるうえでは重要な役割を担っていることを念頭に置かねばならない．

コラム
「緊急性はないが，重要性のある課題」への対応力

縦軸に緊急性のある・なしの度合い，横軸に重要性のある・なしの度合いを置き，4象限で見た場合，多くの経営者は，まず，緊急かつ重要性のある問題に取り掛かるであろう．また，緊急性もなく，重要性もない課題は後回しにすることだろう．

問題なのは，「緊急性はあるが，重要性はない課題」または「緊急性はないが，重要性はある課題」のどちらを優先すべきなのかである．

緊急性のある問題はすでに顕在化していて，目に見えている課題である場合が多い．これに対して重要性については，将来的に見てその事象が重要事項に値するか否かを判断して規定されるものであり，顕在化しているものもあれば，現段階では顕在化していないものもある．

すなわち，緊急性かつ重要性のある問題の次に優先すべき選択肢は，経営者の判断一つで決まり，その企業の経営課題や現場への指示のあり方に影響するのである．

これについて，海外事業経験豊富なトヨタ自動車のOBの方から興味深い話を聞く機会に恵まれた．近年，海外と日本とでは次に優先する課題が，変わってきているというのである．かつてのトヨタであれば，「緊急性はないが，重要性のある課題」を迷わず次の優先課題としていたはずで

ある.近年,本国のトヨタでは「緊急性はあるが,重要性のない課題」に傾倒してきているようだというのである.現在,海外のトヨタ経営者のほうが,「緊急性はないが,重要性のある課題」を意識した経営を行っていると,近年のトヨタの経営のあり方に警鐘を鳴らしている.

これはどういうことなのか? 2015年3月期決算発表では,円安や堅調なアメリカ経済を背景に,かつ訪日観光客の増加と購買力に支えられ,上場する企業において最高益を記録する企業が続出している.トヨタ自動車においてはグループ一丸の原価改善も成果の一つであることを強調したうえで,日本企業として過去最高の純利益2兆円超えを果たした.

トヨタ自動車OBの厳しい指摘は,業績は称賛に値するものの,近年のリコール問題などでややトヨタらしさを失い,本来の「緊急性はないが,重要性のある課題」への対応力が失われてきていることへの警鐘なのかも知れない.

かつて東京大学教授の藤本隆宏は,トヨタの強みは「何万もの社員が,いわば問題解決中毒になっているような状態」が維持されていることとしたが,問題解決中毒のレベルは,顕在化した問題に奔走している状態と顕在化していない問題の探索に奔走している状態とでは,大きな差がある.

海外事業での成功の背景に国内事業での衰退があるのでは,手放しに喜べるものではない.

未然防止,将来のリスク予測を踏まえて,緊急性はないが,重要性のある課題にどこまで振り子を戻せるのか,あるいは再構築できるのか,2015年3月期決算で最高益を上げたトヨタであるが,今後の経営に注目していく必要がある.

より深く学びたい人のために(参考文献と推薦図書)

[1] 岡本正耿:『経営品質入門』生産性出版,2003年.
[2] 久米均:『品質経営入門』,日科技連出版社,2005年.
[3] 寺本義也・岡本正耿,原田保,水尾順一:『経営品質の理論』,生産性出版,2003年.

[4] 古屋浩：『現代の生産管理』, 学文社, 2000 年.
[5] 飯塚悦功, 金子雅明, 住本守, 山上裕司, 丸山昇：『進化する品質経営—事業の持続的成功を目指して』, 日科技連出版社, 2014 年.
[6] 藤本隆宏：『日本のもの造り哲学』, 日本経済新聞社, 2004 年.
[7] 編集委員長　吉澤正：『クォリティマネジメント用語辞典』, 日本規格協会, 2004 年.
[8] 日本品質管理学会：『品質管理学会規格　品質管理用語 JSQC-Std00-001：2011』, 日本品質管理学会, 2011 年, p4.

第2章
ISO規格から見る質向上と品格経営

　第1章では品質，品質管理の概念について解説したが，本章ではISO規格要求事項の側面から利害関係者を含む顧客満足，顧客が求める製品，サービスおよび各種プロセスなどの「質」を構成するもの，創造すべき「品格経営」の向上を考える．

2.1　ISOとは

　ISOとは，世界的な標準化および関連する活動の推進を図る目的で1947年にロンドンで創設された非政府組織「国際標準化機構」(International Organization for Standardization)の略である．頭文字をとるとIOSとなるが，語呂が悪いためギリシャ語の「均等，均質」という意味の「ISOS」と重ねISOとなった．ISOは輸出入産業にみられる物資(商品)やサービスの国際流通が円滑に行われるように，産業分野の国際規格を定め，その普及促進をねらうことを目的としたのが始まりである．また一方，国際連合とその関連機関および国連専門機関における諮問的地位をも有している．

2.1.1　品質保証から国際的品質保証認証への対応

　現在，ISOには163カ国が参加し，スイスのジュネーブに本部が置かれている．以前はねじの寸法，フィルムの感度といった製品や材料のサイズや機能などの規格が主であったが，1987年に発行されたISO 9000シリーズ以降，ISO 14001(環境マネジメントシステム)，ISO 22000(食品安全衛生マネジメントシステム)，ISO 27001(情報セキュリティマネジメントシステム)，ISO 22301(事業継続マネジメントシステム)など，さまざまな側面から「管理するための仕組み」の規格が発行されている．この章で

は，すべてのマネジメントシステム規格の原点ともいえる ISO 9001 を重点に，関連する ISO 規格を通じて「質の向上」について解説する．

はじめに，ISO 9001 の発行に至る経緯について簡単に述べておこう．1980 年代，イギリスの産業界はかつての産業革命時と比べると製品の国際競争力が落ちていた．当時のサッチャー首相は，以前のように産業を復興させ，国際競争力をあげるべく一計を案じていた．その方策として「品質保証の規格を国内に普及させる」ということが考えられ，イギリス規格 BS 5750 という品質保証の規格を発行させた．ちょうどその頃，品質の良い日本製品に押されて困っていた欧米諸国（イギリス，アメリカ，ドイツ，フランス，カナダなど）も同様の品質保証の規格づくりをしていたため，これらの標準化の必要性を訴え，投票の結果 BS 5750 が ISO 9001 の初版の原形となった．

2.1.2　ISO 規格発行までのプロセス

国際規格の作成作業は，TC（Technical Committee：専門委員会），SC（Sub Committee：小委員会），WG（Working Group：ワーキンググループ）で検討される．はじめに国や関連団体からの提案，NWIP（New Work Item Proposal：新規作業項目提案）が提出され，規格化が決定すると WD（Working Draft：作業原案）が提案され，その後，審議，検討を重ね，CD（Committee Draft：委員会原案），DIS（Draft International Standard：国際規格案），FDIS（Final Draft International Standard：最終国際規格案）まで修正，追加，削除などレビューが繰り返され，最終的に投票により 75％以上の賛成をもって IS（International Standard：国際規格）が発行となる．

また標準化に関する規格には特定の国内での使用を目的として発行される「国家規格」やヨーロッパやアジアなど地域レベルで制定される「地域規格」などがある．ISO や IEC などの「国際規格」はその最上位に位置づけられている．図 2.1 に規格の位置づけとレベルを示す．図 2.1 は上位に向かうほどより多くの組織・団体が活用でき，下位に位置するほど限定

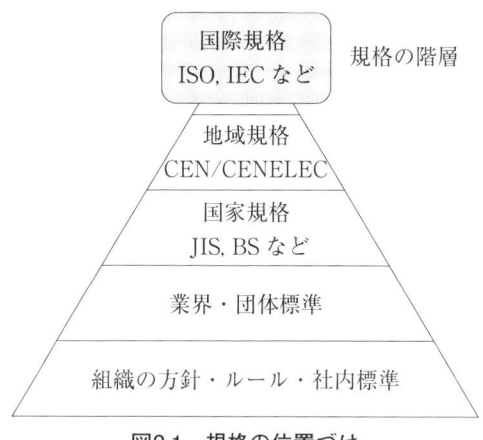

図2.1　規格の位置づけ

された対象が具体的活用できる．なお，この階層の説明は，対象範囲の広い順からの整理であって，その規格の伝統の深さや優位性を示すものではない．

2.1.3　世界のISO認証取得事業者の件数と推移

ここで，世界の認証取得件数を把握しておこう．2012年12月18日に，ISO中央事務局より世界のマネジメントシステム認証件数（ISO Survey-2011）が公表された．各規格の認証件数上位国は表2.1のとおりである．

増加件数が多いのはISO 9001では，1位イタリア，2位中国で，ともに3万件を超える増加数となっている．ISO 14001では，1位中国，2位イタリア，3位フランスとなっており，中国はこちらも1万件を超える増加数である．我が国では，1990年代初頭から，ISO 9001，ISO 14001を皮切りにマネジメントシステムを企業の生産活動などに導入し，従来からの品質管理，環境管理の手法に加える形で，鋭意活用してきた．2000年代に入って，我が国を含む先進各国でのマネジメントシステムの認証数はピークを迎え，現在は，中国など新興国において認証数が増大している．

表2.1 世界の認証取得件数

	ISO 9001 (品質)	ISO 14001 (環境)	ISO/TS 16949 (自動車産業)	ISO/IEC 27001 (情報)	ISO 22000 (食品安全)	ISO 13485 (医療機器)
1	中国 328,213件	中国 81,993件	中国 16,310件	日本 6,914件	中国 6,526件	アメリカ 3,820件
2	イタリア 171,947件	日本 30,397件	韓国 4,262件	インド 1,427件	ギリシャ 1,214件	ドイツ 3,438件
3	日本 56,912件	イタリア 21,009件	アメリカ 3,778件	イギリス 1,360件	ルーマニア 1,100件	イギリス 1,607件
4	スペイン 53,057件	スペイン 16,341件	インド 3,376件	中国 1,219件	インド 982件	イタリア 1,550件
5	ドイツ 49,540件	イギリス 15,231件	ドイツ 3,210件	台北 791件	イタリア 945件	フランス 1,035件
6	イギリス 43,564件	韓国 10,925件	日本 1,223件	ルーマニア 760件	トルコ 665件	日本 733件
7	インド 29,574件	ルーマニア 9,557件	ブラジル 1,172件	スペイン 642件	ポーランド 573件	スイス 695件
8	フランス 29,215件	フランス 7,771件	イタリア 1,155件	イタリア 503件	日本 512件	中国 633件
9	ブラジル 28,325件	ドイツ 6,253件	タイ 1,125件	ドイツ 424件	台北 502件	韓国 588件
10	韓国 27,284件	アメリカ 4,957件	メキシコ 1,073件	アメリカ 313件	フランス 460件	イスラエル 585件

(出典) ISO Web サイトを参考に筆者作成.
http://www.iso.org/iso/home/standards/certification/iso-survey.htm

2.1.4 認証取得事業者の現状

　上位10カ国の推移を見る限り，世界の認証数は少なからず増加傾向にある．しかしながら，マネジメントシステムに対しては，従来から批判的な声も数多くある．なぜなら，多くの企業・組織において，入札をはじめとする取引要件をクリアするために義務的，一時的な動機，勲章的位置づけとしてマネジメントシステムの認証を取得しているため，有効なシステムの運用とは無縁な企業・組織の比重が高いからである．また，認証取得費用ならびに維持管理費用を単にコストとして捉えられているとの指摘も

ある．産業競争力強化に取り組む我が国の経済社会においては，本来のマネジメントシステムの意義に立ち戻り，事業競争力強化のために有効に活用されるよう，あるべき姿での普及がなされることを願って止まない．

一方，事業継続マネジメント(ISO 22301)やリスクマネジメント(ISO 31000)などの新たなマネジメントシステムを活用して，さまざまな社会問題を解決しようとする動きも出ている．これらは，東日本大震災という未曽有の災害を経験した我が国において，製造業のサプライチェーンの維持，地域での防災や省エネルギーなどの観点から，きわめて重要な取組みである．

2.1.5　ISO 規格改訂のプロセス

ISO は原則として最長5年ごとに内容を見直し，必要があれば改訂されるルールになっているが，現在 ISO/IEC 27001：2013 の改訂を終え，ISO 9001，ISO 14001 規格ともに，今回の改訂では ISO/IEC 27001：2013 と同様，「予防処置」の要求事項がなくなる．概念は残るとはいえ，「リスク」という言葉に置き換わる方向にある．なお，リスクマネジメントについては，2.3.5 項で述べる．

2.2　品格経営と質向上への「道具」であるISO

さて，品格経営における質とは何かを議論する前に，まず「経営資源」を把握する必要がある．ここでは，「ヒト・モノ・カネ」といった従来から言われる3つの要素に加え，「情報」を念頭に置いて経済産業省の唱える第4，第5の経営資源「技(ワザ)」「知恵(チエ)」にも含めて着目してみる．「知恵」とは，「企画力」「改善力」とも換言できるが，これは，経営における「強み」にほかならない．これらは，組織内の多岐にわたるプロセスに存在し，独特の企画，ノウハウ，手法，行動規範，分析力などを生み出す源泉(能力)となる．またこれらを柔軟に活用し，持続的な成果を志向する経営は，当然ながら品格経営における質とも重なり合う．

品格経営を構成する質には，経営ビジョン，方向性の質，要員および力量の質，企画・提案力の質，コミュニケーション力の質，マネジメントの質が含まれる．すなわち，製品・サービスの品質とは異なるプロセス固有の定性的な質などの，あらゆるプロセスが含まれるのである．ISO 規格においても，これら経営資源の組織への提供は重要な経営者の責任として規定されている．

しかし，ISO 規格要求事項では，What（何を行うのか）は規定されているが，How（どのように）は規定されておらず，このことは組織に委ねられている．つまり，ISO 規格は「品格経営における質向上の仕組み」を創り上げるうえでの「道標」であり，「道具」とも言えよう．そして，この道具を使いこなすための「How（どのように）」が質向上への原点となるのである．

なお，品質マネジメント規格である ISO 9000 ファミリーは 1.4 節でも紹介した「品質マネジメントの 8 原則」を基本としている．

2.3 業績向上の仕組み

2.3.1 方針展開とリスクマネジメントの統合

マネジメントシステムとは何か．それは「目的・目標を達成するための仕組み」である．経営に役立つマネジメントシステムを構築するには，経営方針，目標展開プロセスの堅固な仕組みが必要となる．なお，ここでいう「経営方針」には，品質方針，環境方針，安全方針，情報セキュリティ方針，内部統制など事業計画に盛り込まれるすべての指標が含まれる．

はじめに，ISO 規格要求事項に照らして合わせて「目標展開プロセスとリスクマネジメントとの統合」の重要性を説明する．さまざまな規格において，Objective（オブジェクティヴ），Goal（ゴール），Target（ターゲット）などの英語は，すべて「目標」と翻訳されている．ここでは，組織が向かうべき目標，方向性のベクトルを共有し，その目標を達成するための管理プロセスについて述べる．一言でいえば，「目的・目標を達成するた

めの仕組み」と「その目的・目標を左右する要因」をどのようにマネジメントするかということである．さらに，これらは連動している必要があり，噛み合わなければ，マネジメントシステムが有効なものとはなり得ない．

　顧客が求める価値を提供するための「システムを継続的に改善」するには，何より「仕組みの可視化」が求められる．つまり，可視化された「目標展開プロセス」であることが必要となる．同時に，その「ゴールをめざす活動」のなかで，当たり前にリスクが管理され，許容できるレベルに維持されていなければ，ゴールの達成を危うくしかねないことになる．

2.3.2　方針展開における PDCA

　ISO 規格も然りである．品質管理に関する書籍を見ると，必ずといっていいほど PDCA サイクルに関する記述を目にするであろう．世界で初めてマネジメントを定義したアンリ・ファヨール(J. H. Fayol)は，管理の職能が一般的に「計画，組織化，指揮，調整，統制」という要素からなる循環プロセスであると捉えている(アンリ・ファヨール：『産業ならびに一般の管理』，1916 年)．クーンツ(H. D. Koontz)とオドンネル(Cyril J. O'Donnell)は，経営管理の基本機能を「計画，組織化，人事，指揮，統制」に定式化した(クーンツ，オドンネル：『経営管理の原則』，1955 年)．ドラッカー(P. F. Drucker)は，著書『マネジメント』(1974 年)のなかで，管理者の仕事を「目標の設定，組織，動機づけ・意思疎通，測定，人材開発」であるとした．これらはすべて，大局的には PDCA サイクルを内包している．PDCA サイクルが提唱される最大の理由は，PDCA の各々の要素が確立され，つながりある運用，監視・測定によって，システム自体のスパイラルアップがなされることにある．

2.3.3　企業・組織における PDCA のキープロセス

　以下に PDCA サイクルの内容を示す．
　① 　Plan

1) 目的を明確にし，目標を決める
2) 目標を達成するための方法を決める
3) 目標を達成するための方法が有効かどうか判定する項目と基準を決める
② Do
1) 計画した方法を実施する
2) 計画した方法の有効性を判定する項目のデータを収集する
③ Check
1) 目標が達成されているか調べる
2) 計画されていた方法が実施されていたかチェックする
3) 計画した方法が有効であったかチェックする
④ Act
1) 目標が達成されていなければ原因を究明して再発防止策をとる
2) 計画した方法が実施されていなければその原因を究明して再発防止策をとる
3) 計画した方法が有効的でなければその原因を究明して修正または再発防止策をとる
4) 目標が達成しており，計画した方法が実施され，方法の有効性が基準を満たしていたら，さらに良い結果が出るように仕事の方法を改善する処置をとる

2.3.4 PDCA サイクルを回す―各々の要素のつながり

　PDCA サイクルは，Plan（計画）のステップが完整性あるものに仕上がった後，一直線に Do（実施）のステップに移行するわけではない．達成のための計画が一定程度仕上がったならば，実践をしながら修正と微調整を繰り返して進んでいく（図 2.2）．つまり，Plan（計画）-Do（実施）のなかにも PDCA サイクルが存在してくる．当然 Do-Act-Plan のプロセスにおいても同様のことがいえよう．PDCA サイクルは，循環し，常に Check され Act されて進行する．またそうしなければ，スパイラルアップすることは

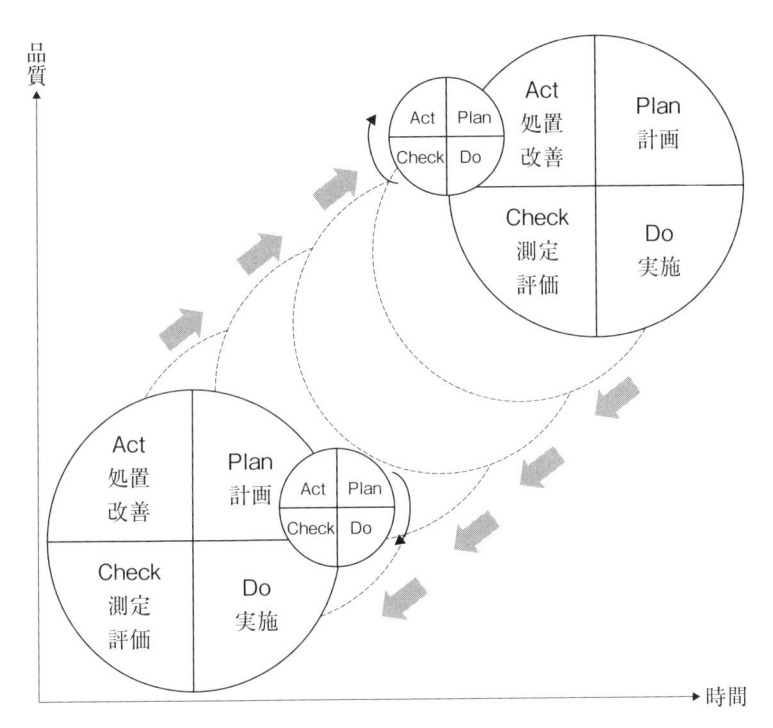

図2.2　PDCAサイクルのイメージ

できない．

2.3.5　リスクマネジメントとは

ISO 9001 にはリスクマネジメントという用語はないが，「製品実現における検証，妥当性確認，監視，測定，検査及び試験活動，並びに製品合否判定基準」は実質的にリスクマネジメントを意味していると考えられる．リスクマネジメントとは，単に「リスク対応」を行うものではない．「リスクを特定・分析・評価」し，それを踏まえて「リスク対応」を行うことである．

ISO 31000：2009(リスクマネジメント―原則及び指針)は，リスクマネジメントを支えるための「枠組み」と「リスクマネジメントのプロセス」とを区分けして，各々 PDCA サイクルを示している(図 2.3)．ISO 31000

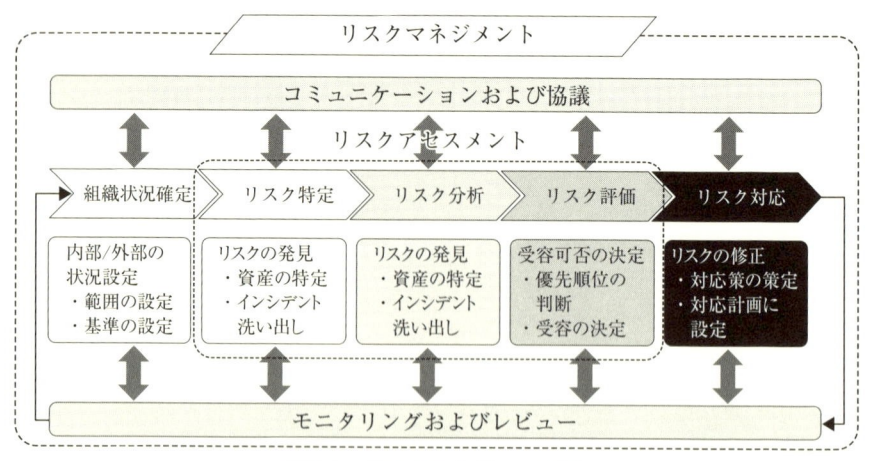

```
┌─────────────────────────────────────────────────────────┐
│              リスクマネジメント                          │
│  ┌───────────────────────────────────────────────────┐  │
│  │       コミュニケーションおよび協議                │  │
│  └───────────────────────────────────────────────────┘  │
│         ↕           リスクアセスメント           ↕      │
│  ┌─────────┬─────────┬─────────┬─────────┬─────────┐    │
│  │組織状況 │リスク特定│リスク分析│リスク評価│リスク対応│   │
│  │確定     │         │         │         │         │    │
│  ├─────────┼─────────┼─────────┼─────────┼─────────┤    │
│  │内部/外部│リスクの │リスクの │受容可否 │リスクの │    │
│  │の状況設定│発見    │発見    │の決定   │修正     │    │
│  │・範囲の │・資産の │・資産の │・優先順 │・対応策 │    │
│  │ 設定   │ 特定   │ 特定   │ 位の判断│ の策定 │    │
│  │・基準の │・インシ │・インシ │・受容の │・対応計 │    │
│  │ 設定   │ デント │ デント │ 決定   │ 画に設定│    │
│  │        │ 洗い出し│ 洗い出し│        │        │    │
│  └─────────┴─────────┴─────────┴─────────┴─────────┘    │
│  ┌───────────────────────────────────────────────────┐  │
│  │       モニタリングおよびレビュー                  │  │
│  └───────────────────────────────────────────────────┘  │
└─────────────────────────────────────────────────────────┘
```

図2.3　リスクマネジメント図

では，リスクを「目的に対する不確かさの影響」と定義している．言い換えれば，目標を達成するために管理しなければならない「不確かさ」がリスクであり，リスクマネジメントとは，「不確かさを管理することで目標達成を支援する」ためのマネジメントである．

なお，ISO 9001には製品実現にともなうリスクの「特定・分析・評価」についての要求事項はない．しかし，サプライチェーンが世界的に拡散，生産の担い手が多様化している現在，順守すべき社会的要求事項のハードルは高度化している．組織が直面するリスクは，関連する利害関係者の参加によって可視化され，管理されなければならない状況が重視されてきている．こうした観点からも，ISO 9001はリスクマネジメントによって補完されなければならず，次期規格改訂の一環のみならず，今後さらに取り上げられていくであろう．

2.4　品格経営と人的資源

2.4.1　力量とは

ISO 9000（品質マネジメントシステム—基本及び用語の定義）では，「3.1.6

力量(competence)：「知識と技能を適用するための実証された能力」と定義されている．

2.4.2　管理者の力量

図 2.4 に，企業・組織で展開されている要員に求められる「力量総合評価表」の例を示す．要員とは，企業・組織に従事する従業員，契約社員，派遣社員，アルバイト，パートタイマーなどのすべての構成員を含むと定義されている用語である．したがって，すべての要員に求められる力量基準は，統一することも，標準化することもできない．また，評価する側，評価される側においても然りである．例えば，「目標を達成しても報酬はない，未達成でも責任は問われない」，逆に「目標を達成すると報われ，未達成だと責任をとる」については，システムの功罪が正しく認識され，理解されていなければ，正しい評価はできない．ここでは，評価システムの精度についての解説ではなく，評価する側の視点に立ち，さらに「管理者の力量(コンピテンシー)」に焦点をあてて，必要とされる力量について述べる．

2.4.3　組織能力を支える管理者の3大力量

組織能力を支えるために管理者に要求される力量は以下の3つである．
1)　ローカル能力
　　—情報，システム，組織風土・文化，価値基準，資本など
2)　設計・企画能力
　　—ローカル能力を組み合わせる能力
3)　プロセス管理能力
　　—組織を束ね運用する能力

この3大力量は，組織の「現状」から「あるべき姿」へ導く大局的かつ体系的な能力といえるものである．また，これらの管理者の能力は，組織能力の向上に寄与するばかりではなく，業界内，さらには世界標準でのマネジメントモデルをめざすうえでの重要な経営資源に位置づけられる．な

第2章　ISO規格から見る質向上と品格経営

力量総合評価表

年度
一次評価者：　　　　　　　　　　　　　　　氏　名：
二次評価者：　　　　　　　　　　　　　　　入社年度：
　　　　　　　　　　　　　　　　　　　　　部　門：
　　　　　　　　　　　　　　　　　　　　　職　位：

評価基準：レベル1(1点)　一定のレベル内ではあるが，持続性やミスの再発が確認される管理不十分
　　　　　レベル2(2点)　業務遂行上一定のレベルに達している
　　　　　レベル3(3点)　自分の担当現場に限らず他者，部門へのアドバイスができる
　　　　　レベル4(4点)　部門，会社全体の効率化，向上意識が高く模範的レベル

区分	項目	細目	評価内容	一次	二次
能力考課	リーダーシップ	仕事の遂行力	策定された計画のリーダー的役割を行い他の人員を管理して目標を完遂できるか	2.5	2
		指導教育力	業務上の必要な知識の提供，効果的な業務遂行に対し部下，協力会社への教育，指導力	2	2.5
		上司への補佐力	積極的な意見，情報提供を行い業務優先に上司への補佐ができるか	2.5	2.5
		組織活性化力	組織の活性化に向けた合理化，改善策，コミュニケーション向上への取組み	2.5	2
		組織への貢献度	目標達成に向け，その具体策の実施，取組みの積極性	2	2.5
	コミュニケーション能力	礼儀作法	自分の好嫌や気分に関係なく挨拶ができるか，社会人として礼儀作法を重んじた行動か	2.5	3
		至誠度	顧客，上司，同僚に対し誠実に接しているか	2.5	2.5
		対人理解度	相手の気持ちや考え方を偏見なく素直に受け止める謙虚性	3	3
		交渉能力	顧客重視に行動し好感ある対応，対話ができているか	2	3
		交渉能力(地域)	利害関係者，地域住民に対し地域特性を生かした関係維持・管理への対応	2.5	3
		購買先交渉力	情報を事前に収集でき適正な交渉，折衝となっているか	3	3
	判断力・問題解決能力改善力	判断力	状況を適確に把握し適切な判断決断ができるか	2	2.5
		業務改善力	自分の担当する仕事に対し，仕事のやり方，必要性を絶えず考え改善に対する取組み	2	2
		情報管理力	経済動向，業界動向，社内の諸情勢に対する把握，分析，対応	2.5	2
		解決力	課題(初めて遭遇する課題を含む)の解決力	2	2
		ストレス耐性	時間的な制約，他人から受ける圧迫や反対に対し諸問題を成し遂げる心の安定性	3	2
		フレキシビリティ	状況に応じ既存の方法に捉われず効果的な見直し，提案，実施ができる	2.5	2.5
	業務完遂力	コスト管理	時間，物，人員の節約意識を持ちムダ，ムリ，ムラを省き経費，コスト削減，効率アップへの対応	2	2
		実行力	業務処理や職務において必要な量，速度，正確さで実行できるか	2.5	2
		品質計画	設計，施工ともにISO 9001の要求事項に対し，品質管理に対する計画ができているか	2.5	2.5

図2.4　力量総合評価表(例)

能力考課	業務完遂力	環境 1	大気汚染，天然資源の枯渇，振動，騒音などの防止に対する必要な知識，理解度および取組み	2	2.5
		環境 2	廃材，梱包材等の産業廃棄物に対する処理状況	2	2
		安全管理	危険を予知し，予防処置展開ができるか	2	2
		安全衛生 1	新規入場者教育，KY活動，5Sを展開し適正な作業環境の確保状況	2.5	2.5
		作成書類	手順に従い，定められた書式で正確に記載し，または作成できるか	2	2
	専門技術	知識	求められる専門技術の知識又は自社の製品知識はあるか	3	3
		質	顧客要望に対応した成果を適確に把握しているか	2.5	2.5
		公的資格	自己学習と資格取得に向けた取組み	2	2
	コンプライアンス	法順守	業界規制はじめ社会通念上，法規制の遵守に対する重要性の認識度	2.5	3
		届出書類	期日の厳守とその正確性	3	2.5
		安全衛生 2	業務上必要な法規制の把握，遵守，許可，申請，届出状況	2.5	2.5
	マネジメントシステム	理解力	マネジメントシステムをよく理解し業務改善への取組み状況	3	3
		順守度	社内手順，業務指示，作業手順に対する順守状況	2.5	2
		管理力	ISO 9001への積極的取組み状況	3	3
態度考課	協調性		組織の一員として自分の位置付を確認し与えられた仕事の範囲外でチームワークが図れるか	2	2
	責任感		与えられた仕事を最後までやり遂げる意思，姿勢	2.5	2
	積極性		仕事に対する質的向上，量的拡大，改善提案，自己啓発等困難に立向う姿勢，態度	2.5	3
	規律性		上司の命令，就業規則を守り職場および社会の秩序維持に対する取組み	2.5	2.5

図2.4 力量総合評価表（例）つづき

お，これらを組織の規模，形態，業務内容に応じて細分化していくと，以下のような能力，あるいはそれ以上の評価基準の必要性が見えてくる．

(1) 情報収集力と情報分析力

第4章，第5章で情報品質，サービス品質について述べるが「情報の収集，分析」において，業務上与えられるものだけでは不十分である．なぜなら，収集される情報の量，つまり情報密度が高いほど判断内容の密度を向上させ，情報の信憑性（正確性）を正しく判断できるからである．業界情報，主要ビジネス誌からの情報，新聞，専門誌，学術誌，インターネットからの情報など，管理者として独自の情報源の収集，開拓は必須となる

であろう．

(2) 問題発見能力と問題解決能力

　性悪説に立って問題を探すということではなく，疑うことから本当の問題が発見できることがある．つまり，問題は与えられるものではなく，発見するものであることを理解したい．何が問題なのか正しく認識できなければ，問題解決ができてもその価値は極めて低く，それどころか，誤った意思決定の危険性さえある．前述のように，問題の発見，問題解決には「情報」が不可欠であるが，その重要度，優先順位を見誤っては，力量評価自体，本末転倒となる．

(3) 権限委譲

　筆者は，第三者認証審査の場で被審査部門の責任者に「あなたの責任と権限をそれぞれ 2～3 教えてください」と質問することがある．責任と権限は表裏一体にあることは理解されていても，実際の業務務では，責任と権限が混同して捉えられていることが多い．管理者は，「任せる」ことが自分を，そして部下を育てることにつながることを理解して，一旦任せたら，最後まで任せることが重要かつ必要である．

(4) コミュニケーション能力

　日本経済団体連合会(経団連)が毎年発表している「就職選考時に重視する要素」によると，ここ 10 年間，第一位にランクされているのが「コミュニケーション能力」である．「気配り上手」「空気が読める」「協調性がある」という言葉で形容する文献も多く見かける．これは，「関係を構築する能力」として組織で協働するうえでは必要不可欠なものであり，それゆえ，あらゆる企業でも求められることである．相手が何を求めているのかという意図を理解する能力であり，すなわち，「問題を理解する能力」から「表現する能力」へ展開できる能力ともいえよう．

2.4 品格経営と人的資源

(5) 大局的把握能力

全体最適，部分最適については，経営管理における歴史的背景からも学べる要素である．企業・組織においては，目の前にある緊急性のある問題の解決が優先される傾向にある．しかし，そこに潜んでいる大局的な重要性の認識と最終的に向かうべき目標を見失っては，組織の存続はないのである．

(6) 革新能力と学習棄却力

組織の重要資産となるイノベーションは学習棄却から生まれ，改善から生まれることは少ない．イノベーションには以下のような3つの関門があることを理解していただきたい．

1) 開始時点 (unfreeze)
2) プロセス (change)
3) 終了時点 (refreeze)

これらは，「品質マネジメントの8原則」の内の一つ「プロセスアプローチ」に他ならない．

(7) 高い倫理観

契約と倫理の関係を理解する高潔な企業は栄える．企業の行動指針の前提ともなる倫理規定は，日本では「内規」とされているが，アメリカでは全従業員はもとより社外に公表されている．アメリカの大企業では，可能な限り自らを社会に公開し，その存在目的や事業活動の考え方を広く社会に説明して，その理解と支持を得ようとしている．いわゆるPR活動に尽力することが求められているのである．

(8) リーダーシップ

「PM理論」とは，1966年に，社会心理学者，三隅二不二が提唱した理論である．PM理論によれば，リーダーシップはP：Performance「目標達成能力」とM：Maintenance「集団維持能力」の2つの要素で構成され

```
高  Performance 目標達成能力

    | Pm              | PM              |
    | 成果はあげられる | 成果をあげ，人望 |
    | が，人望がなく組 | も厚く，組織をま |
    | 織をまとめる力が | とめる力がある   |
    | 弱い            |                  |

    | pm              | pM              |
    | 成果をあげる力も， | 人望はあるが成果 |
    | 組織をまとめる力 | をあげる力が弱い |
    | も弱い          |                  |
```

低　　　　　　　　　　　　　　　　　　　　　　高
　　低　　　　Maintenance 集団維持能力

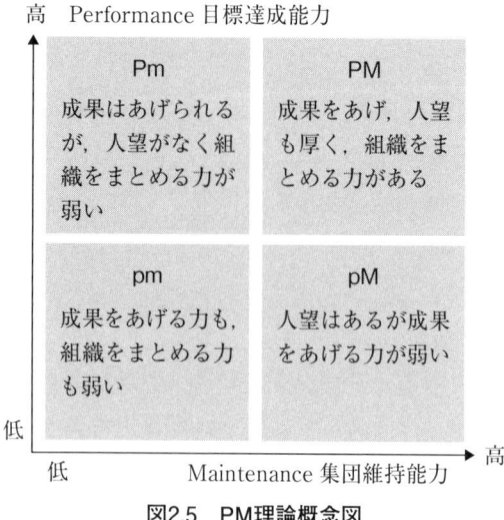

図2.5　PM理論概念図

る．目標設定や計画立案，メンバーを率いて目標を達成する能力(P)と，人間関係を良好に保ち，集団を維持する能力(M)の2つの能力の大小で定義されている(図2.5)．リーダーシップは「品質マネジメントの8原則」の一つであり，改訂作業の進んでいるすべての規格の中核をなす要求事項である．

2.4.4　品格経営に求められる力量

ISO 9001では「製品品質に影響がある仕事に従事する要員は，関連する教育，訓練，技能及び経験を判断の根拠として力量があること」と規定しているが，これは，業務を実行するために可能な限り先述した必要な力量を明確にし，それを満たすように教育・訓練を実施していくという考え方である．業務に関する能力は，OJTによる経験で高めることは可能であるが，教育・訓練を通じて育てるべきなのは，「品格」も兼ね備えた人財であることを見過してはいけない．

品格経営では，「要員一人ひとりが顧客の明示されたニーズ，ならびに暗黙のニーズを理解し，顧客満足の向上と責任ある行動の取れる文化を築

くこと」が求められる．まず，「お金の流れ」のみが中心である企業文化から脱し，「さまざまな情報の動き」をキャッチし，企業のアウトプットである「製品・サービス」の質向上，さらには企業・組織の存在価値，ならびに品格向上に目を向ける必要がある．続いて，「企業理念」にもとづき「経営方針」を策定し，具体的方策は「目的・目標」に落とし込み展開に導く．こうしたプロセスの実現には「要員の力量」の向上は不可欠であり，「大局的把握能力」をもって部分最適から全体最適を可能にする広義なマネジメントシステムがベースにあることが必要と言えよう．これにより企業理念と組織本来の目的が共有化されていくと同時に，「企業文化」の核（コア）が形成されていくことになる．これは，経営の品格を構成する要員一人ひとりが，顧客重視のもと，不具合を未然防止するリスクマネジメントも兼ね備えた企業文化を構築することでもある．

　めざす企業文化を築くためには，企業理念や企業としての存在意義を頭で理解するだけでなく，日々の仕事の具体的目標達成のための方法に落とし込み，従業員の一人ひとりの業務プロセスに影響を与え，日常管理（SDCA）も徹底し，変革を実行していかなければならない．すなわち，企業の文化づくりは，企業の品格づくりであるといっても過言ではない．

2.5　継続的改善

　最後に，継続的改善（continual improvement）について述べる．ISO 9000（品質マネジメントシステム—基本及び用語の定義）では「要求事項を満たす能力を高めるために繰り返し行われる活動」と規定している．しかしながらこの「continual」には，「継続的に」という意のほか「断続的に」との意も含んでいる．つまり，息切れを起こすほどに日々継続することを求めているわけではない．そのため，改善課題が放置されることなく，断続的でもあっても継続することの重要性を理解する必要がある．
継続的改善におけるマネジメントは，目的を達成するための働きかけである．「計画」の策定にはじまり，そのための段取り（経営資源の準備），計

図2.6 継続的改善

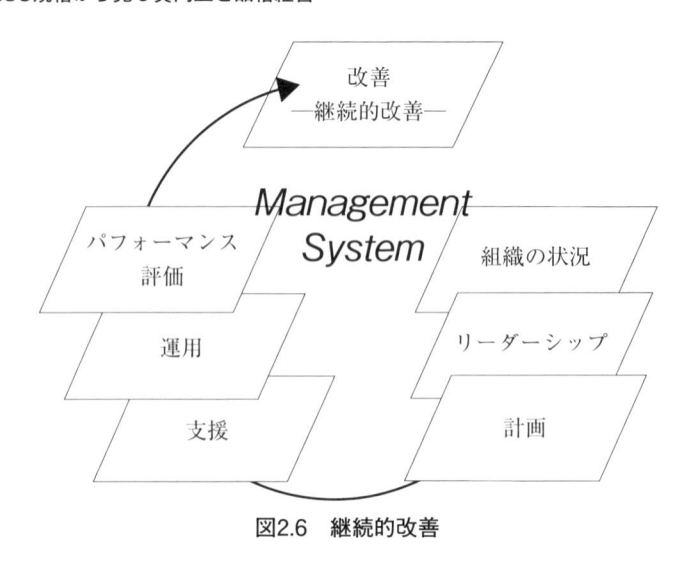

画にもとづいた運用，進捗状況の点検（監視・測定）とフィードバック，調整まで，すなわちPDCAサイクルそのものである（図2.6）.

2.6 ISO 22301の概要と海外における活用状況

ISOは，2012年5月，ISO 22301（事業継続にかかわるマネジメントシステム-要求事項）を発行した．ISO 22301は，企業等組織の事業継続にかかわる事象（インシデント）に対して，あらかじめ有効な対策を講じ，事業継続能力を効果的かつ効率的に維持・改善していくためのマネジメントシステムの規格である．地震，火災，テロリズム，システム障害，新型インフルエンザなどあらゆる事象を想定し，世界中の企業・組織が事業継続計画（BCP：Business Continuity Plan）に鋭意取り組んでいる（図2.7）.

事業継続計画は，一度作成すれば実効性を担保できるものではなく，企業・組織を取り巻く環境の変化などにともなって，継続的に見直しを図っていくことが必要である．事業継続計画が，非常時における企業・組織の事業の中断に対して，迅速な復旧や再開を図るための計画であるのに対

2.6 ISO 22301の概要と海外における活用状況

し，ISO 22301 は，事業継続計画の実効性を高めるためのプロセスを規定するものである．

事業継続計画を定期的に見直す取組みを規定する ISO 22301 は，非常

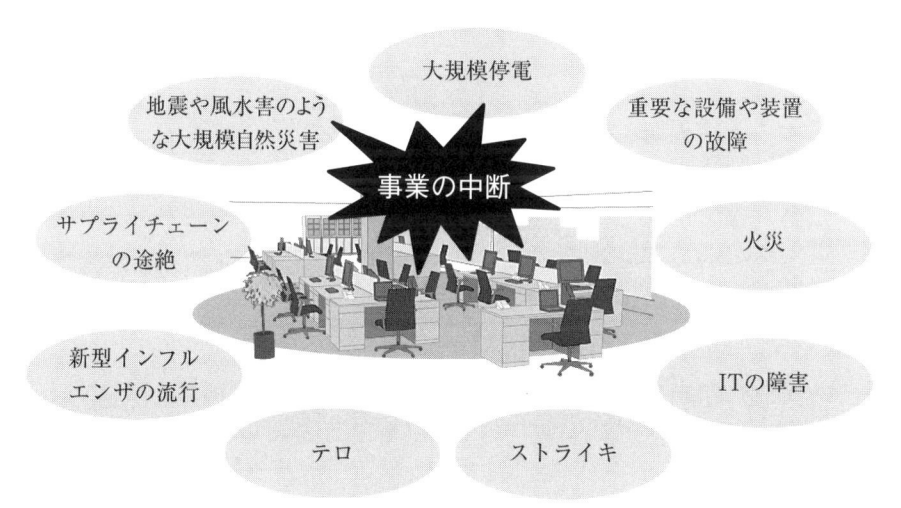

図2.7 BCM（事業継続マネジメント）の必要性

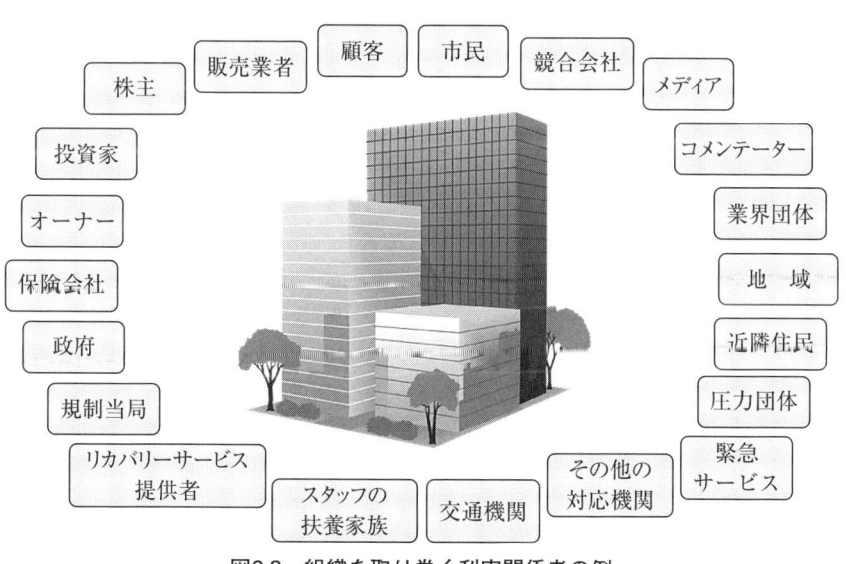

図2.8 組織を取り巻く利害関係者の例

第2章 ISO規格から見る質向上と品格経営

時のみならず平常時においても，事業競争力強化に資する．すなわち，企業・組織が，非日常的な状況をあらかじめ検討することで，事業戦略の明確化，業務優先順位の意識，業務上の弱点への気づき，さまざまな利害関係者からの信頼性向上，多様な事態に対応する人材の力量向上など，企業・組織が取り組むべき課題を抽出して，改善を進めることが期待できる（図2.8）．また，有事を想定した訓練や演習の実施を通じて，取引先や同業他社との連携が日常的に強化されることも期待できる．近年，企業・組織の事業継続に直接・間接に関わる利害関係者は多岐にわたる．したがって，ISO 22301への取組みを通じて，取引先やサプライチェーン，地域コミュニティや行政などとの幅広い連携を意識した実効性ある事業継続計画を策定できることの意義は大きい（図2.9）．

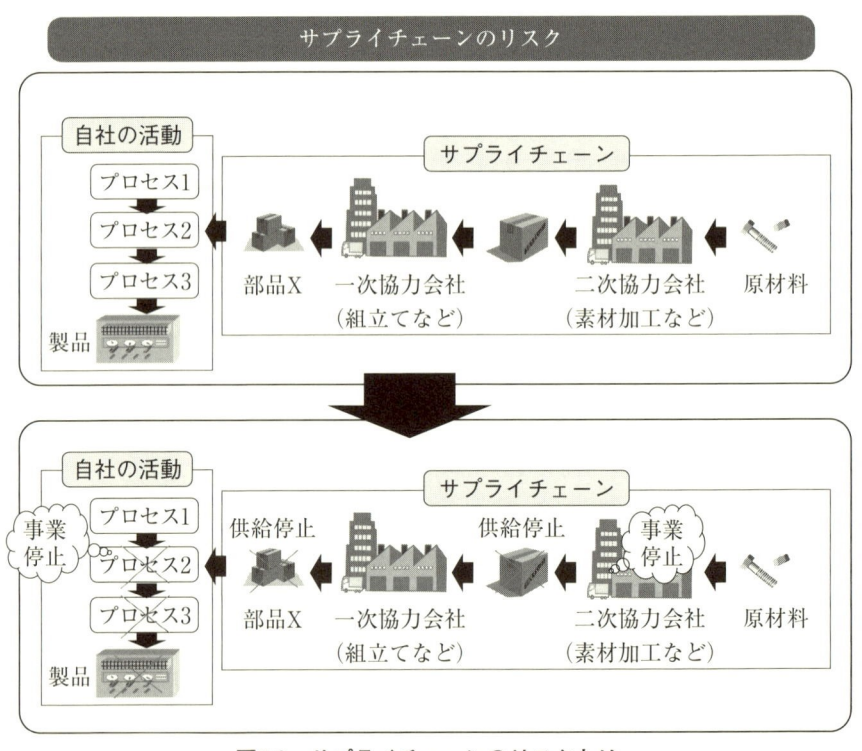

図2.9 サプライチェーンのリスクとは

2.6 ISO 22301の概要と海外における活用状況

　海外に目を向けると，諸外国は，それぞれの事情の下，事業継続計画の普及に注力している．アメリカでは，2001年9月の同時多発テロ事件などを背景として，国土安全保障省(DHS)を中心に，国家としての災害対策に取り組んでいる．その一環として，民間事業者による自主的な災害対策を促進するための独自の認証制度を構築している．また，イギリスでは

国際規格	さまざまな企画団体のうえに成り立つ代表的な国際的標準化団体として以下団体がある． ・ISO：国際標準化機構 ・IEC：国際電気標準会議 IECが電気工業会の規格を定め，ISOはISO 9001をはじめとする工業界にとどまらぬ標準規格を制定している団体である．ちなみにISO規格数は20000を超え，IEC規格数は5000を超えた程度である． http://www.iso.org/iso/home.html
地域規格	有名な地域規格は，EN欧州規格である．もともとEN欧州連合の政府である欧州委員会の中のCEN（欧州標準化委員会）が定めたEU内の全31団体の規格の取りまとめ役的存在である． http://www.jetro.go.jp/world/qa/04S-040008.html
国家規格	各国にはそれぞれ代表となる標準化機関がある． イギリスのBS，アメリカのANSI，ドイツのDIN，中国のGB，ロシアのGOSTなどである．しかしもちろん有力な機関が複数ある国もあり，例えば中国もそうであるが，2002年の段階ですでに20000あった．JISは日本の国家規格であるが，工業規格であるためJAS日本農林規格などは含まず，12000規格ほどである． http://www.jisc.go.jp/jis-act/index.html
業界規格	規格の由来は，企業業界のなかの決まりごとであったが，一番古い規格と言えるであろう．歴史の古い国の一つであるアメリカの国家機関ANSI次の団体から当時の主要規格を示すものといえるであろう． ・アメリカ電気学会（IEEE） ・アメリカ機械工業会（ASME） ・アメリカ材料試験協会（ASTM） ちなみにASTM規格だけでも13000規格はくだらないであろう． http://www.astm.org/Standard/index.html

図2.10　規格の概略

第2章　ISO規格から見る質向上と品格経営

ISO 22301 の国際標準化の下敷きとなった BS25999 がすでに普及しており，2004 年からのテロリズム，自然災害，伝染病，ライフラインや社会インフラの停止などの幅広い緊急事態から市民を保護するための法的枠組みにも活用されている．

アジア諸国においては，まず韓国が，2007 年に国家危機管理庁が制定した法的枠組みにもとづき，民間事業者による自主的な災害対策を促進するための認証制度および保険料割引や減税などのインセンティブ制度を構築している．また，シンガポールは，金融当局が企業の事業継続計画の作成にともなうコンサルティング費用を負担するなど，事業継続計画の作成に取り組む企業への支援を行っている．

第 2 章の最後に，規格を整理したい．しかし，我々が入手し得る国際規格だけでも 10 万種類にもおよび，すべての紹介は不可能である．図 2.1 の「規格の階層」にもとづき図 2.10 に主要規格の概略を紹介したので，参考にしていただきたい．

コラム

社員の「やる気」は，「経営ビジョン」から　—歴史から学ぶ—

　企業・組織内で働く社員のやる気をいかに奮い立たせるかは，いつの時代も経営陣にとっての大きな課題の一つである．ISO，QC サークルをはじめ，教育・訓練，KJ 法，コーチング，目標達成への表彰制度，人事評価制度から各種データ分析にいたるまで，さまざまな方法論を取り入れても，なぜ効果があがらないのか，非常に難しい課題である．

　やはり，昔からいわれる「経営の基本」を「経営トップ」がきちんと理解して，まず経営トップ自身が「主体変容：自ら変わり，会社を変える」「企業がめざす方向の経営ビジョンを明確に示す」といった確固たる強い意思を持つことが何より重要である．従来の経営展開を見直せないのなら，「経営ビジョン」を示すことができる人にバトンタッチすべきである．経営の基本原則は，最初に社員が変わるべきなのではなく，まず経営

トップが「自分の経営ビジョン，目標，戦略を変える」ことが先決である．

一昔前に倒産の危機にあった日産自動車の事例を振り返ってみる．なぜ前任の社長たちのリバイバルプランが失敗して，「プラン内容はまったく同じ」であったにもかかわらず，ゴーン社長はなぜ成功したのか．このインタビューに対してゴーン社長は，次のように回答している．「日産は火災を起した沈没寸前の船(倒産寸前)なのに，皆に1週間後の到着予定港の指示をしても，皆は路頭に迷う．沈没しそうな船の場合，船長は第一に乗客や船員をどう誘導したら安全に避難できるのか，救命ボートに乗り移る指示等，優先順位をつけた具体的な指示が必要だ」．

つまり，日産の生産規模を販売に合わすのが最優先で，未来の販売の話をしている場合ではないということである．優先課題を考慮し，経営方針を明確にするのは，ISO 9001での筆頭の要求事項であるが，認証取得企業でも真摯には取り上げずに，大部分の企業が内容のない，詭弁で片づけている．「経営ビジョン」を示すという大切な基本から逃げては，「やる気のある社員」という求める人材への答えは出てくるはずなどない．まず方向性を決定する前に，いま何を実施するのか現状分析を行い，何を優先するのかその順位と重要性の認識を共有することから着手すべきである．

有名な経営者である新将命氏は，「ハングリーではない部下に，どうやる気と意欲を持たせるか，その答えは「方向性」を示すこと」と述べている．現代の経済社会において，「リーダーシップ」に求められる力量とは何か考えさせられる言葉である

より深く学びたい人のために(参考文献と推薦図書)

[1] 武田修三郎：『デミングの組織論』，東洋経済新報社，2002年．
[2] ライル・M.スペンサー，シグネ・M.スペンサー著，梅津祐良 他 訳：『コンピテンシーマネジメントの展開(完訳版)』，生産性出版，2011年．
[3] 打川和男：『ISO 22301 事業継続管理がよーくわかる本』，秀和システム，2012年．
[4] 今泉正顕：『上司の品格』，PHP研究所，2007年．

［5］　横田吉男：『ISO の品格』，共立出版，2010 年．
［6］　H. ファヨール著，佐々木 恒男 訳：『産業ならびに一般の管理』，未来社，1972 年．
［7］　関口恭 著，日本品質管理学会 監修：『情報品質』，日本規格協会，2013 年．
［8］　鈴木秀男 著，日本品質管理学会 監修：『サービス品質の構造を探る』，日本規格協会，2011 年．
［9］　古谷健夫著，中部品質管理協会 編：『質創造マネジメント』，日科技連出版社，2013 年．
［10］　ISO/IEC 17024：2003 Conformity assessment – General requirements for bodies operating certification of persons.
［11］　小沢和彦：「分化した文化の慣性と組織変革」，『日経ストラテジー』，2005 年 7 月号，日経 BP 社．
［12］　ピーター・F. ドラッカー著，上田惇生 訳：『マネジメント［エッセンシャル版］―基本と原則』，ダイヤモンド社，2001 年．

第3章
地域産業分析視点の経営への活用法

　製品・サービスの投入・産出における定量的な観点は，品質管理においても重視されるようになっている．加えて，第2章でも指摘したように，複数企業間での品質管理の必要性が高まってきている．従来，製造物の品質管理は最終製品を生産した企業の責任であるとされてきたが，企業間の分業が進展した現代では，自社の製品のみの品質管理を追究するだけでは不十分である．複数企業からなるサプライチェーン全体でのトレーサビリティが必要とされているのである．リスクに直面した場合でも，それを最小限に抑えた生産が行えれば，自社だけでなく，グループ全体，さらには地域経済にとってもプラスとなる．

　複数企業からなる経済活動は，地域経済に対しても一定の影響を与える．企業城下町が形成されている地域で典型的に見られるように，部品の調達は地域内で行われ，グループ会社間で強い取引関係が築かれている．また，大規模な産業集積がない地域で，企業が生産活動を行ううえで不可欠な清掃サービスや運送サービスなどは，地元企業を利用するであろう．1つの企業の活動は多かれ少なかれ地域に影響を与えており，そこでは地域ブランドが構築されている．

　本章では，品質管理の範囲を地域経済まで拡大し，データの活用を含めた定量的分析手法について解説する．3.2節では産業連関表を利用した産業別の投入・産出構造の把握や経済波及効果の推計手法，3.3節では簡単なモデルを用いたシミュレーション手法や予測を取りあげる．自社を取り巻く状況を客観的に把握するためにこれらの手法を活用することは，個別企業の観点から脱する一助となろう．

第3章　地域産業分析視点の経営への活用法

3.1　品質管理における定量的観点の重要性

　ある地域に工場を建設する，ある地域でイベントを実施するといった企業活動は，当該企業そのものの生産活動に影響することはもちろんだが，立地する地域にも大きな影響を与える．企業内での影響を予測する方法は，各々の企業で代々受け継がれている場合が多い．売上予測のシミュレーションや市場規模の測定などは，専門家に外注する場合もあるが，自社内で統計手法を利用した定量分析がなされている場合もある．

　日本企業では，製品の品質管理を行う場においても統計的手法が利用されている．アメリカでもシックスシグマやSQC手法などの統計的手法を利用して品質管理を行うことは一般的である．

　製造現場やサービス現場を中心とした品質管理は従来から，自社製品のブランド力を高めることに寄与してきた．しかし，それは突き詰めれば，自社の売上の最大化と種々の費用の最小化によって利潤を最大化するという，経済学的な観点にもとづくものであった．ところが，21世紀に入り，企業は単に自社の利潤を最大化すればよいだけの存在ではなくなっている．近隣の関連会社から部品を調達するだけでなく，世界中から最良の部品やサービスを調達してサプライチェーンを構築する企業も珍しくなくなった．さらに，ある程度の規模の企業ともなれば，社会貢献を行うのは当然とみなされ，株主からもCSR(Corporate Social Responsibility：企業の社会的責任)として評価される．また，小規模企業であっても，立地する地域への貢献は多少なりとも求められている．

　ここで問題となるのは，企業が行う社会貢献や地域貢献が，その社会や地域にいかほどの影響を与えているのかということである．新規の設備投資や各種イベント，また域外への輸出や移出を行うことによって，関連会社を含む周辺産業・地域にどの程度のプラス効果が波及するのか，予期せぬ災害が自社周辺の産業・地域にどの程度のマイナス効果を及ぼすのか，営利を追求する企業である以上，キャッシュの支出をともなう活動に対しては，費用対効果を把握することが求められる．しかしながら，自社内の

3.1 品質管理における定量的観点の重要性

品質管理や売上げへの影響であれば，自社や業界内の基準に従ってその影響を測定することが可能であるが，周辺産業や地域も含めた影響の測定は，従来の品質管理手法では測定が難しい(図3.1)．第2章の図2.8でも示されたように，企業は多様な利害関係者とかかわっている．

また，分業化が進んだ産業では，自社で起こった事件が社内だけでは完結しないという側面もある．2014年に発生した自動車用安全部品メーカー，タカタのエアバッグ欠陥問題では，タカタの社長が辞任する事態となったが，影響はそれだけではなかった．品質保証の責任を追う自動車メーカーもタカタのエアバッグを搭載した自動車のリコールに追われたのである．この事例から，現代の産業構造では，ある一社の部材を利用していたというだけで，他社にも大きな影響を与える．こうした場合に，自社が取引先や周辺企業に与える損害額について，あらかじめ見積もっておくことはリスク管理の点からも必要である．

そこで，品質管理にも適用し得る手法として，産業連関表とそれを利用した産業連関分析を紹介する．産業連関表は，1936年にノーベル賞経済学者のW. レオンチェフによって考案され，現在世界中で利用されている分析ツールである．産業ごとの産出・投入構造が1枚の表にまとめられているので，表そのものにも利用価値がある．また，設備投資などの最終需

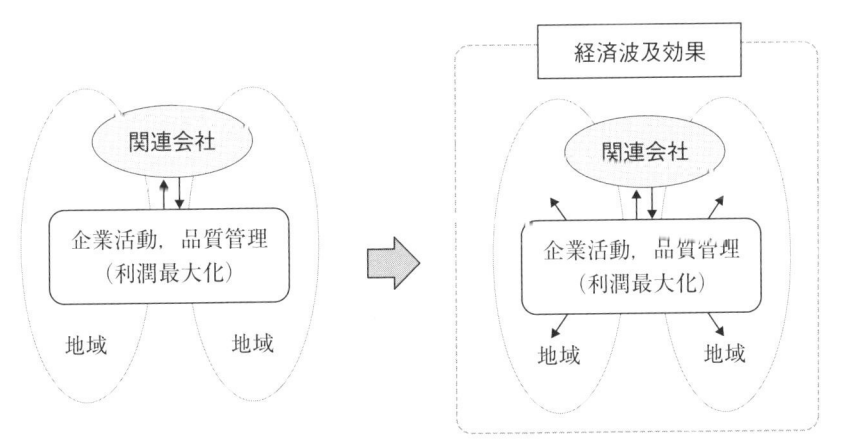

図3.1 従来型品質管理から品格経営へ

要の増減による周辺産業・地域への影響をシミュレーションすることも可能であり，この結果は産業連関分析といわれる．オリンピックが実施される際や大規模工場の新設が発表される際に，「経済波及効果は○○億円」と報道されるのは，ほぼこの産業連関分析による試算結果である．

前提条件を適切におけば，実際の経済・社会に与える影響について具体的な数字をともなって把握できるため，産業連関表は政策分析の現場では欠かせないものとなっている．特に日本では，厳しい財政制約が影響し，新規事業については必ず議会で費用対効果が追求されるようになっている．その結果，無条件に補助金をばらまく従来型の政策の時代とは異なり，限られた予算内で最大の効果を得るために事前の綿密な調査とシミュレーションが必要とされている．このように，政策評価の分析ツールとしても産業連関分析は大いに活用されているのである．

ただし，産業連関表や産業連関分析を単なる経済波及効果測定のツールとして見るのは，その価値のほんの一部しか認識していないのに等しい．個別企業のミクロ情報ではなく，その地域の平均的もしくはマクロ的な産業構造が詳細に把握できる情報源は，産業連関表のみである．また，その分析方法は，決して一部の専門家や政府関係者のためのものだけではない．少なくとも2005年以降，日本政府や自治体は，統計法で定められている産業連関表について，表そのものに加えて簡易分析ツールについてもホームページで公開する方針を取っている．これにより，Excelファイルが利用できるパソコンがあれば，一般市民にも経済波及効果の分析が可能である．このような環境が整ってきた現在，基礎的な産業連関表およびそれによる分析の知識を備えておくことは，経営側，現場側を問わず，企業人にとっても有益となろう．

3.2 投入・産出構造の把握 〜産業連関表の活用

産業連関表の利用には2つの方法がある．1つは，表そのものから該当地域の産業構造を読み解くことである．もう1つは，産業連関表から経済

波及効果を試算することである．3.2 節では前者を，3.3 節では後者について説明する．

産業連関表を学ぶ前の予備知識として，GDP などを扱う国民経済計算（SNA）について簡単に触れる．SNA は国際連合で定められた統計基準であり，それぞれの国の経済循環を表す体系である．日本の GDP や産業連関表の推計も，このルールに従っている．SNA の基準内であることによって，推計された統計やそれを使った分析結果について国際比較が可能となる．また，産業連関表については，経済状況を表す最も基礎的な統計である GDP との整合性がとられていることで，GDP との比較も可能である．ただし，SNA は輸出入の状況を捉えた貿易統計や設備投資金額を捉えた法人企業統計，消費動向を捉えた家計調査などの一次統計から，統計的手法を用いて推計される二次統計である．したがって，各種前提が置かれた条件下での統計であり，利用の際には注意が必要な部分もある．

表 3.1 に，3 つの産業の場合の産業連関表の概要を示す．産業連関表は各産業（表 3.1 では 3 産業）間の投入・産出関係をマトリックスにまとめたものである．タテ方向に見れば，その産業が生産する際にどの産業からどれだけ仕入れたか（投入したか）が明らかになる．

表 3.1 の①②③のセルに配置される投入の合計は内生部門計として⑥に計上される．また，雇用者報酬，営業余剰などは，その産業が新たに追加した付加価値として計上される．ヨコ方向に見れば，その産業がどの産業に出荷したか（産出したか）が明らかになる．①④⑤のセルに配置される産出の合計，⑦のセルに配置される消費，投資，政府支出，在庫などの最終需要計，そして，最終需要計から移輸入を除いた⑧のセルが最終需要部門計となる．つまり，タテに見てもヨコに見ても，各部門の生産額は⑨のように等しくなるように配置されている．これらの基本的なルールを踏まえれば，それぞれの産業の平均的な投入構造や産出構造を読み取ることができる．また，全産業の最終需要部門計と粗付加価値部門計のいずれも，一国の産業連関表の場合はその国の GDP（国内総生産）と，地域表の場合は該当地域の GRP（域内総生産）と，おおよその値が一致する．一般的に，

第3章　地域産業分析視点の経営への活用法

表3.1　3産業の場合の産業連関表の概要

	1. 第一次産業	2. 第二次産業	3. 第三次産業	最終需要計	最終需要部門計	生産額
1. 第一次産業	①	④	⑤	⑦	⑧	⑨
2. 第二次産業	②					
3. 第三次産業	③					
内生部門計	⑥					
粗付加価値部門計						
生産額	⑨					

複数の部品を仕入れて生産を行う製造業では内生部門の比率が高く，無形のサービスを産出する第三次産業では内生部門の比率が低く，雇用者報酬などの粗付加価値部門が高い傾向にある．

このように，産業連関表は3.3節で説明する経済波及効果の分析に使われるだけでなく，表そのものも重要な情報をもつ貴重な分析ツールなのである．

産業連関表は一国だけでなく，地域ブロックごとにも作成されている．経済産業局が作成している表は北海道，東北，関東，中部，近畿，中国，四国，九州，沖縄の9つあり，それぞれの管轄地域[1]に即した表である．さらに，47都道府県でもそれぞれ県表が作成されている．

表3.1で示すのは金額表示の基本表であるが，投入構造を見るには，投入係数表を利用する必要がある．これは，内生部門のそれぞれの産業の値を生産額で除したものの一覧であり，基本表と異なりタテの列で見てい

---

[1] 北海道表は北海道，東北表は東北6県＝青森県，岩手県，秋田県，宮城県，山形県，福島県，関東表は1都10県＝東京都，茨城県，栃木県，群馬県，埼玉県，千葉県，神奈川県，新潟県，山梨県，長野県，静岡県，中部表は5県＝富山県，石川県，岐阜県，愛知県，三重県，近畿表は2府5県＝大阪府，京都府，滋賀県，奈良県，和歌山県，兵庫県，福井県，中国表は中国5県＝岡山県，広島県，山口県，島根県，鳥取県，四国表は四国4県＝徳島県，香川県，愛媛県，高知県，九州表は7県＝福岡県，佐賀県，長崎県，熊本県，大分県，宮崎県，鹿児島県，沖縄表は沖縄県をそれぞれ範囲としている．

く，各セルの値は補助金などのマイナス項目を除いて，ゼロから1の間をとる．また，逆行列表は産業連関分析の際に利用されるもので，発生した新規需要に逆行列表の値を乗じることで，経済波及効果が求められるようになっている．

さて，地域表が存在するということは，同一産業であっても地域ごとに産出・投入構造が異なる可能性がある．一例として，製造業のなかから乗用車産業の投入構造を関東，中部の2地域で見てみよう．

表3.2の数字は，一台の乗用車を生産するにあたって，関東地域と中部地域の乗用車産業が各地域内のどの産業部門からどれだけ部財を仕入れたのか（投入したのか），その金額および比率を表したものである．比率部分は元の産業連関表では投入係数表として0から1までの値で公開されているデータであるが，ここでは％で表記している．また，左端の列の数字は，それぞれの産業部門に付された番号である．ただし，すべての部門（今回は53部門）は掲載していない．

まず，投入係数の比率で関東地域と中部地域の比較を行う．自部門である乗用車からの投入は関東・中部地域とも0％である．乗用車が最終財であり，さまざまな中間財を組み合わせて生産される消費財であることが，改めて確認できる．乗用車にかかわる主要な商業部門は自動車ディーラーと思われるが，関東の投入が2.14％であるのに対し，中部の投入は2.01％であり，関東のほうが商業部門からの投入比率は高い．金融・保険部門からの投入は関東が0.85％，中部が0.64％と関東が上回っており，関東の乗用車産業は，金融機関からの資金調達の比率が中部の乗用車産業より多いことがわかる．中間財すべての投入の合計である内生部門計を見ると，関東が87.07％，中部が86.66％となっており，関東地域のほうが，中部地域と比べて中間財の投入比率が0.41％ほど多い．一方，乗用車部門の雇用者所得は，関東が6.97％，中部が7.21％である．中部の乗用車産業は中間財の投入額を少なくし，高い雇用者所得を維持しているようである．しかし，両地域とも中間財の投入比率はそれぞれ87.07％，86.66％と高く，乗用車産業としての付加価値比率は低い．

第3章 地域産業分析視点の経営への活用法

表3.2 乗用車産業の投入構造の2地域比較（単位：百万円）

		関東		中部	
28	乗用車	0	0.00%	0	0.00%
39	商業	91,293	2.14%	119,796	2.01%
40	金融・保険	36,207	0.85%	38,091	0.64%
54	内生部門計	3,716,233	87.07%	5,166,881	86.66%
—	雇用者所得	297,437	6.97%	430,060	7.21%
—	営業余剰	92,837	2.18%	129,465	2.17%

（出典） 関東経済産業局：「平成17年関東産業連関表」，中部経済産業局「平成17年中部産業連関表」

表3.3 医療・保健・社会保障・介護産業の投入構造の2地域比較（単位：百万円）

		関東		中部	
39	商業	925,517	5.40%	312,694	5.53%
40	金融・保険	269,044	1.57%	68,387	1.21%
48	医療・保健・社会保障・介護	258,109	1.51%	84,815	1.50%
54	内生部門計	6,776,050	39.51%	2,193,105	38.76%
—	雇用者所得	8,314,012	48.48%	2,823,319	49.90%
—	営業余剰	735,872	4.29%	252,232	4.46%

（出典） 関東経済産業局「平成17年関東産業連関表」，中部経済産業局「平成17年中部産業連関表」

同様に，サービス業の例として，医療・保健・社会保障・介護産業についても，表3.3で見てみよう．自部門である商業部門からの投入は関東5.40％，中部5.53％と高い．また，内生部門計の比率は関東39.51％，中部38.76％と，表3.2の乗用車産業と比較しても少ない．一方で，雇用者所得は関東48.48％，中部49.90％となっており，乗用車産業の一桁の値と比較して相当高い．これは，給与所得の高い医師・看護師などの専門職が含まれているためである．

関東地域の内生部門計の金額で比較すると，乗用車産業は3.72兆円の

部品やサービスを域内の産業から調達しており，医療・保健・社会保障・介護産業は6.78兆円の部品やサービスを調達している．日本の製造業をけん引する乗用車産業の多くは神奈川県や埼玉県に事業所や工場を構えているが，関東地域においては乗用車産業の地域経済への波及額は医療・保健・社会保障・介護産業を下回る．これは，医療や介護といった産業は需要者である地域の人口に，その規模が左右されるためである．

同様に中部地域で内生部門計の金額を比較すると，乗用車産業は5.2兆円の部品やサービスを域内の産業から調達し，医療・保健・社会保障・介護産業は2.19兆円の部品やサービスを域内の産業から調達しており，関東地域と大小が逆転している．中部地域での乗用車産業の存在がいかに大きく，地域経済への影響も多大であることが確認できる．中部5県の人口は約1700万人と関東1都10県の約5100万人の3分の1にすぎないが，なぜ地域経済の規模を超越した生産が可能であるのか．それは医療や介護と異なり，乗用車は在庫が可能であること，域外への移輸出が容易であることから，域内需要以上の生産を行うことが可能なためである．

なお，日本の地域ブロックは省庁によって定義される範囲が異なる．地域産業連関表を作成する経済産業局の定義による地域ブロックは，関東地域が1都10県と広大であること（日本のGDPの4割を占める）が特徴であり，利用の際には注意が必要である．

3.3　経済波及効果分析の実践

オリンピックなどの巨大イベント，また空港などの公共インフラの建設などの場合には，必ず経済波及効果が試算される．経済波及効果の試算は産業連関表を利用してなされることがほとんどであるが，この分析手法は巨額の資金が動く際だけに利用されるものではない．工場を新設する，営業所を増設する，製品を増産するなどの新規需要でも，経済波及効果の試算は可能である．また，そのような新規需要の発生によって，地域の他の産業にどの程度の影響が出るのかを計量的に把握することも可能である．

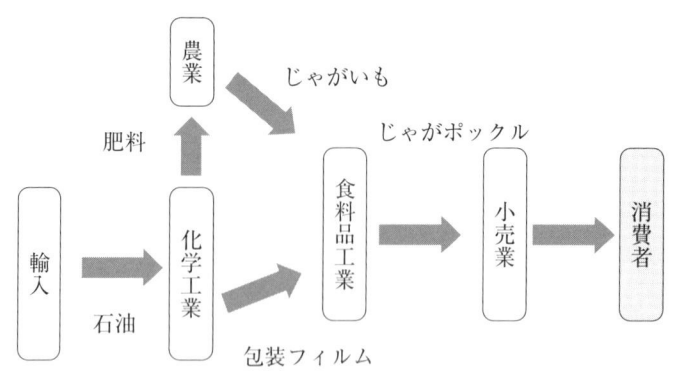

第3章　地域産業分析視点の経営への活用法

図3.2　産業別の連関のイメージ

　本節では，産業連関表のもう一つの利用方法である経済波及効果分析の簡便な手法を解説する．

　図3.2は，北海道土産として人気のある「じゃがポックル」を例に，最終製品が消費者に届くまでの生産の様子をフローチャートで示したものである．食料品部門がじゃがポックルを生産するためには，農業部門からじゃがいもを，化学工業部門から包装用のフィルムや袋を調達することが必要である．さらに，じゃがいもを生産する農業部門は化学工業部門から肥料を調達し，化学工業部門は肥料を生産するために海外から石油を輸入している．そして，じゃがポックルが生産されて消費者の手に届くまでに，小売業部門による商業マージンがかけられる．このような経済循環を経て，初めてじゃがポックルは最終消費財として消費者の手元に届けられ，最終消費支出として GDP に計上される[2]．

　次に，じゃがポックル生産の例を川下から川上へさかのぼる(図3.3)．じゃがポックルがほしいという消費者が増加することで，産業連関表上では新規需要が増加することになる．その結果，小売業においても売上が増え，その一部がボーナスなどで従業員に還元されるであろう．所得の増えた従業員の一部は，新しく車を買い替えようとするかもしれない．それに

---

[2] GDP は付加価値の総計であるので，図の矢印のうち中間投入を除いた額の総計が最終的な GDP の値となる．

3.3 経済波及効果分析の実践

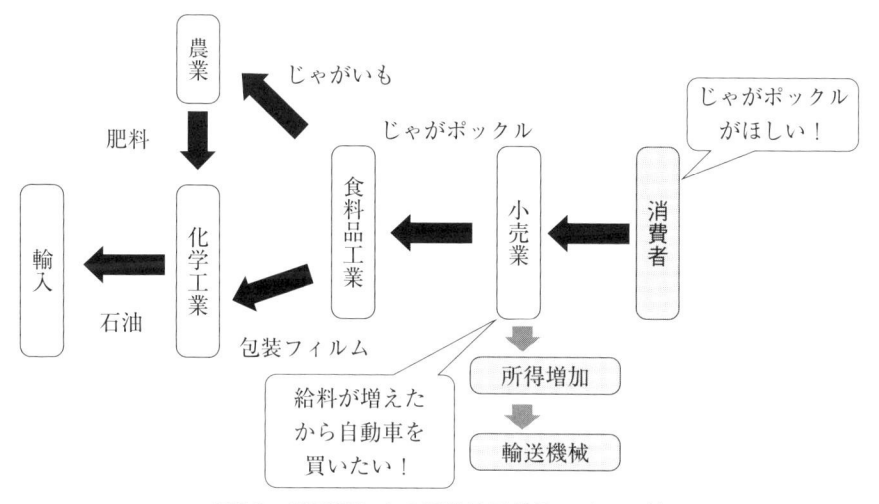

図3.3 需要増による経済波及効果のイメージ

より，さらに自動車の新規需要が増え，自動車会社の従業員の所得が増えるという連関が生じる．加えて，じゃがポックルの生産会社の売上および従業員の所得増加，化学会社の売上および従業員の所得増加，農業の売上および農業従事者の所得増加が生じ，そのうちの一部は別の新規需要を誘発させる．このように続く流れをすべて合計した数字が経済波及効果として表される金額であり，濃色の矢印と薄色の矢印をすべて合計したものとなる．なお，濃色の矢印で表された部分が直接効果および第一次波及効果であり，薄色で表された矢印が第二次波及効果である[3]．需要（じゃがポックル）が一単位増えると，直接関係ない産業（輸送機械）にも，間接的に経済効果が及ぶことがわかる．

つまり，産業連関分析を行うこととは，図3.3のような最終需要増加（じゃがポックルがほしいという消費者の要望）を仮定した場合に，関連する産業にどの程度の波及が起き，それが二次的，三次的……と広がっていくかどうかを逆算することなのである．

---

[3] 以下，第三次波及効果，第四次波及効果……と続くが，第二次波及効果までで打ち切る試算も多い．

なお，産業連関分析には，新規需要増加以外のパターンの分析も可能である．通常，新規需要が発生するとプラス値の経済波及効果が得られるが，需要減少の場合の分析も可能である．新規需要をマイナス値で想定すると経済波及効果もマイナス値で得られ，経済を引き下げる状況となる．これは，新型ウィルスの流行によって消費者が外出を控えることや，リコールにともなう生産抑制などの負の効果の試算にも応用できる．

以下で，実際に各政府機関から公表されている既存の産業連関表を用いて，簡単な試算を行ってみよう．

〈実習1〉 製造業の生産増の試算

総務省や各都道府県統計課のホームページには，産業連関表を使って経済波及効果をExcelファイルで計算することができるツールが公開されている．このようなツールをダウンロードして，実際に数字を動かしてみることをお勧めする．以下であげる例は，総務省の全国産業連関表（34部門）を利用している．分析シートおよび分析シートの使い方は以下のURLからダウンロードできる．

総務省Webサイト
「経済波及効果を計算してみましょう」（最終アクセス2015年7月10日）
http：//www.soumu.go.jp/toukei_toukatsu/data/io/hakyu.htm

例として，自社の製品を10％増産したと仮定した場合の日本経済への影響を見てみよう．

その場合の手順は，ステップ①からステップ⑤までに分けられる．

① 自社の製品が総務省の34部門産業連関表でどの業種に分類されるのかを判断する．部門分類は総務省の産業連関表報告書の第9章に定義づけられているので，確認のうえ該当する産業部門を想定する．ただし，第9章の説明は最も分類が細かい基本分類の説明であるので，34部門表との対比は第8章の部門分類と合わせて判断する．

「総務省産業連関表報告書」（—総合開発編—）
http：//www.soumu.go.jp/toukei_toukatsu/data/io/005index.htm

② 自社の製品を10％増産した場合に，「新規に」増加する金額を想定す

る．①で判断した部門に，既存の生産費用を10%増加させた金額を，新規需要である黄色いセルの部分に記入する．使用例では，輸送機械部門に100億円の新規需要が発生した事例が掲載されている．特に実行するのに時間がかかるプログラムではないので，さまざまな部門に適当な額を入力し，青く塗られた経済波及効果のセルがどのように動くか，確認しよう．なお，新規需要の想定は1つの部門のみでなくともよく，複数の部門に新規需要が発生したと仮定した場合の試算も可能である．

③ 得られた結果の解釈を行う．まずは，自社製品が該当する産業部門（新規需要を増加させた部門）のセルを確認する．通常は，新規需要を増加させた産業部門への経済波及効果が最も大きくなるはずである．次に，それ以外の部門にどのように経済波及効果が出ているのかを確認する．直接，製品を生産するための部材を仕入れている業界やサービスを利用している業界の属する部門からは，大きく影響が出ているはずである．一方で，直接仕入れのない部門への波及も確認できるであろう．この部分が二次波及効果として観察される部分である．また，全部門合計の経済波及効果額も確認する．一般的に経済波及効果として報道される数字は，この総額である場合が多い．しかし，産業連関表はさまざまな部門数の表が存在するので，使用する表によってはその内訳は当然異なり，その部分の情報を利用しないことは貴重な機会を逃すこととなる．

④ 総務省のワークシートには掲載されていないが，③で見た金額ベースの影響だけでなく，産業ごとの経済波及効果の比率も見る必要がある．総額の経済波及効果に占める部門ごとの経済波及効果は，簡単なエクセルの式で計算されるので，自分で追加して計算するとよい．

⑤ ③で見た総額が，GDP（国内総生産）換算した場合にどの程度の額になるのかも把握しておこう[4]．総務省のワークシートで得られた額は，仕入れ額も含めた売上ベースの額であるので，付加価値ベースに換算する作業が必要である．利用した産業連関表は2005年のものであるの

---

[4] 経済波及効果の試算で得られる値はGDPの推計方法である付加価値ベースではないため，換算して比較することが必要である．

で，2005年のGDPを内閣府のホームページで確認する．GDP推計は毎年更新され，そのたびに過去のものも更新される．最新の遡及推計で2005年の額を抜き出し，GDPと付加価値換算された総額の比率を計算する．なお，GDP推計は年度ベースの値も推計されているが，産業連関表は名目・暦年ベースであるので，名目・暦年ベースのGDPを利用する．

内閣府Webサイト「統計表一覧（2015年1-3月期2次速報値）」
（最終アクセス2015年7月10日）
http://www.esri.cao.go.jp/jp/sna/data/data_list/sokuhou/files/2015/qe151_2/gdemenuja.html

〈実習2〉 第三次産業の市場拡大の試算

産業連関分析は製造業だけでなく，第三次産業にも活用できる．一例として，高齢化の影響を受ける医療産業に着目してみよう．2013年度の医療費は39.3兆円に達している．伸び率で見ると，2009年3.1％，2010年3.9％，2011年度3.1％，2012年度1.7％，2013年度2.2％と，年2~3％の伸びを続けており，この数字は，同期間のGDPの伸び率を上回っている．高齢者層の増加によって今後も医療費は増加し続けるものと思われるが，これを医療産業側から見ると，毎年市場が成長していくともいえる．

使用する表は日本全国を範囲とする2011年表（108部門）である．実習1で利用したものは34部門の表で，医療産業が「医療・福祉」と合算されているため，部門数の多い表を使い，シミュレーションのプログラムを別途構築して，より正確な試算を行う．2011年基準の産業連関表では，医療産業は約23兆円の市場規模となっている．医療産業がこの2％分（4600

表3.4 医療市場拡大の経済波及効果（単位：百万円）

	新規需要(A) (直接効果)	一次波及効果 (B)	二次波及効果 (C)	合計額 (C+B)	乗数効果 (C+B)/A
	464,709	809,707	314,348	1,124,055	2.419
GDP換算	—	423,499	173,521	597,021	—

億円）だけ成長すると仮定し，直接効果として扱う．

表 3.4 は，経済波及効果の試算結果である．医療産業に 4600 億円の新規需要が生まれると，医療産業がサービスの生産に直接必要とする医薬品産業やクリーニング業などへ需要が波及する（一次波及効果）．これは 8100 億円となる．また，これらの関連産業の売上があがると，それらの産業の雇用者の所得が上昇し，新規の消費を行う可能性がある．得られた所得の約 70% を消費するとみなすと，それが医療とは直接関係のない飲食店や衣料品に与える影響（二次波及効果）は 3100 億円に及ぶ．一次波及と二次波及の合算値と当初の直接効果の比率を求めると 2.419（乗数効果）となる．なお，ここで得られた数字を GDP 換算すると，それぞれ 4200 億円，1700 億円となる．日本の GDP は 2013 年の名目値で約 483 兆円であるため，合計 5900 億円の経済波及効果は GDP の 1.2% に相当する．

表 3.5 は，上位 10 産業をランキングとしてまとめたものである．医療産業の一次波及効果は，まず自部門があり，以下医薬品，商業と続く．二次波及効果は卸売・小売産業を含む商業，住宅賃貸料，食料品の順となる．一次波及効果は医療と直接関連のある産業への影響が大きいが，二次

表 3.5　医療市場拡大の産業別経済波及効果（単位：百万円）

	医療（一次波及効果）		医療（二次波及効果）	
1	医療	1,031,824	商業	92,126
2	医薬品	146,531	住宅賃貸料（帰属家賃）	71,260
3	商業	84,462	食料品	39,961
4	その他の対事業所サービス	69,656	金融・保険	39,579
5	研究	36,710	飲食サービス	28,510
6	不動産仲介及び賃貸	33,849	その他の対事業所サービス	25,396
7	物品賃貸サービス	16,306	通信	22,691
8	電力	15,709	住宅賃貸料	19,125
9	金融・保険	15,190	石油製品	17,749
10	情報サービス	14,797	電力	17,016

第3章　地域産業分析視点の経営への活用法

波及効果は，医療とあまり関連のない産業にも幅広く及んでいることがわかる．

〈実習3〉　計算シートを自作する（発展）

実習1，2では既存の計算シートを利用したが，すべての産業連関表でこのようなシートが用意されているわけではない．実習3では自分で計算シートを構築する方法を学ぶ．

日本をいくつかの地域に分割した地域表は，さまざまな種類のものが公表されている．経済産業局が開発した産業連関表は，全国を9地域に分割している．都道府県表は全47県が公表している．政令指定都市でも作成・公表している自治体は多い．中規模な市でも作成している自治体はあるが，一度きりの作成である場合もある．また，北海道開発局の千歳・苫小牧・室蘭の3市にまたがる表など，複数の自治体を含む表が作成されている場合もある．

ここでは，製造業の大規模な集積が見られる中部地域[5]を例にあげ，53部門の中部産業連関表を利用した地域産業連関分析を説明する．分析のイメージは，自社の製品を相手先に納入し，それによってどのような影響が地域に及ぶのかを把握することである．

① 最初に，必要かつ最も重要な作業は，どのような需要が発生（減少）するのかを想定することである．産業連関分析で利用する価格は，最終製品の価格（購入者価格）ではなく，中間投入時点での価格（生産者価格）で設定することがのぞましい．例えば，中部地域においてある企業が，単価50円のエンジン用ねじを新たに年間10万個納入する場合を想定してみよう．この場合，納入金額は50円×10万個＝500万円となる．ミクロ的にはこのような積上げ方式となるが，納入額を10％増やして500万円分を上積みするというマクロ的な金額を想定してもよい．ただし，いずれも「新規に」発生する額を想定する必要がある．産業連関分析はすでに発生している需要については含まれないのである．

---

5)　ここでいう中部地域は，三重県，愛知県，長野県，岐阜県，静岡県の5県である．

3.3 経済波及効果分析の実践

加えて，新規発生する需要がどの産業部門に分類されるかを想定する必要がある．53 部門の中部産業連関表の場合，30 自動車部品・同付属品という部門があるので，その部門に 500 万円を入力する．そして，それ以外の部門に新規需要が発生しないと考え，残りの 52 部門はゼロと想定する（もちろん，複数の部品の納入を考えることも可能である）．このようにして，自動車部品・同付属品のセルに 5,000,000，残りの産業のセルに 0 が入った列ベクトルができあがる．

② 次に，①で得られた列ベクトルのなかに，地域外から調達する移入額が含まれている場合には，その分を差し引く必要がある．すべて自社製品でエンジン用ねじを生産している場合にはこの作業は不要であるが，例えば 10 万個のうち，中部地域以外の工場から 2 万個を調達している場合には，その価額を差し引く．この時点で，必ずファイルを上書き保存しておく必要がある．

③ 産業連関表のうち，逆行列係数表と②で得られた列ベクトルを掛け合わせる．Excel ファイルで計算する場合，計算結果を出力するセル（53 行 × 1 列）をドラッグして反転させ，最上段のセルに以下の計算式を入力する．

　　=MMULT（逆行列（53 行 × 53 列），列ベクトル（53 行 × 1 列））

　入力できたら，（53 行 × 53 列）を反転させた状態のまま，Ctrl + Shift + Enter キーを同時に押すと，（53 行 × 1 列）の列ベクトルで計算結果が出力される[6]．このセルの値が，それぞれ 53 産業に現れる経済波及効果である．

　図 3.4 は，3 部門の場合の Excel への入力方法を例示したものである．C3 セルから E5 セルまでが，利用する産業連関表に付随されている逆行列係数表（3 行 × 3 列）である．想定する新規需要は，C8 から C10 のセル（3 行 × 1 列）に入力する．C13 から C15 のセルは，経済波及

---

[6] ベクトルの乗算がわからない場合は，高校数学のテキストなどを参考にすること．列 1 と行 2 のセル数が等しい場合，（行 1, 列 1）×（行 2, 列 2）=（行 1, 列 2）の結果が出力される．エラーが出る際は，このルールが守られていない場合が多い．

第3章　地域産業分析視点の経営への活用法

効果の試算結果を出力するスペース（3行×1列）である．C13のセルに=MMUUT(C3：E5，C8：C10)と入力されているのが確認できる．なお，逆行列係数と新規需要の値は仮定のものである．

再度，簡便な産業連関分析の方法をまとめると，以下のとおりの手順となる．

① 新規に発生する（消滅する）需要額を設定する．

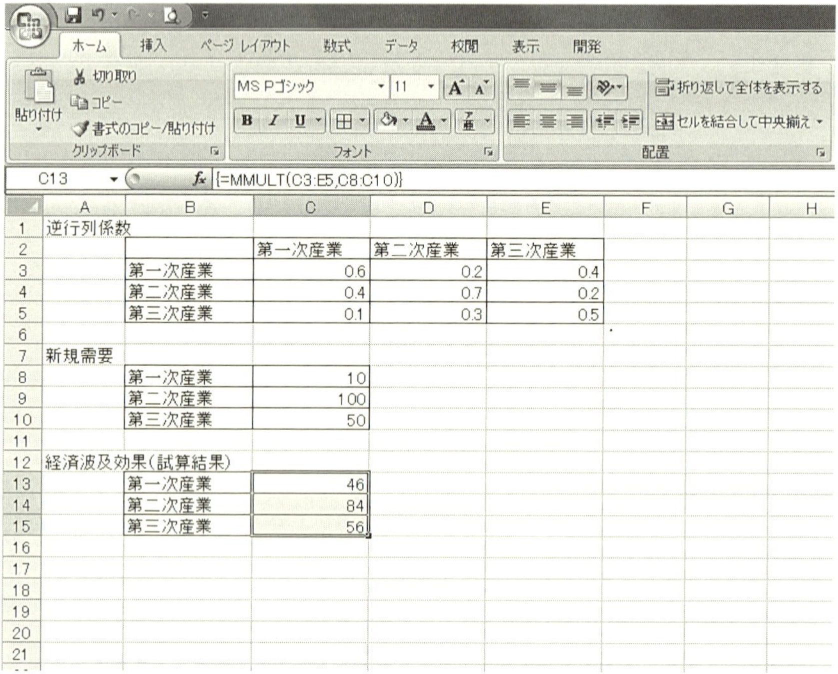

図3.4　Excelへの入力方法（3部門の場合）

表3.6　中部地域の自動車部品産業拡大の経済波及効果（単位：百万円）

	新規需要(A) （直接効果）	一次波及効果 (B)	二次波及効果 (C)	合計額 (C + B)	乗数効果 (C + B)/A
	5.00	7.41	0.91	8.32	1.663
GDP 換算	—	3.04	0.54	3.58	—

② 他地域からの移入額を控除する．
③ 逆行列係数表と②の列ベクトルを掛け合わせる．

得られた結果を表3.6に示す．ある自動車部品会社が新規受注を受け，500万円の増産を行うと，直接取引のある産業への影響は合計741万円となり，取引先の社員の所得が上昇し，消費を増加させる二次波及効果は91万円となる．実習2の医療産業と比較して，一次波及効果に効果が集中し，二次波及効果が少ない．これは，製造業の雇用者所得率が低く，医療産業は高いため，一次と二次とで影響の表れ方が異なってくるためである．

〈発展〉

産業連関分析を利用するうえで，結果の解釈に関していくつかの留意点がある．産業連関表は生産にかかる構造は一定とみなすが，これは，経済学の世界でいう生産関数が一定ということである．現実の経済では，生産技術が進化すると，より少ない部材の投入で生産が可能になる場合があるが，それは考慮されないのである．この場合，経済波及効果としては実際よりも過小推計となる．

産業連関分析では，需要が生じると，それに対して供給（生産）は無限大に対応できると想定している．現実の経済では，大量の新規需要が発生した場合，それに対応できるほどの生産工場や事業所はすぐには増設できないであろう．その場合，算出される経済波及効果は実際よりも過大推計となる．ただし，短期的には無理でも，中期的に生産工場の増産や事業所の増設が可能であるならば，試算から得られる情報は現実的となる．

また，産業連関表そのものは価格表示であり，物量表示ではない．したがって，経済波及効果を利用するには，量ベースではなく，金額ベースで考える必要がある．

その他の注意点として，産業連関分析で得られる経済波及効果が，どの程度の期間になるのか把握できないことがあげられる．分野によっては1年以内に効果が出つくす場合もあるし，産業連関表が改訂される5年間以上にわたって効果が続く場合もある．

第3章　地域産業分析視点の経営への活用法

　地域分析に産業連関分析を利用する際は，効果が現れる範囲が，使用した表の範囲に限定されることに注意が必要である．そのため，どの程度の範囲の効果を見たいのかによって，利用する産業連関表が異なってくる．実習3では中部表を利用したが，中部の自動車部品メーカーが全国に与える影響を見たければ，全国表を利用すべきである．

　しかし，すべての地域で産業連関表が整備されているわけではなく，利用できる表は一部である．また，複数の自治体の行政区域にまたがるような表はほとんど作成されていないため，そのような地域への影響を見ることも困難である．

　このように，いくつかの限界はあるものの，それが産業連関分析による経済波及効果の重要性を相殺するほどのものではない．専門家ならずとも，実際の経済に与える影響を簡単に試算できる機会を限られた人々のものにしておく必要はない．個別企業や業界の経済活動が，地域や国にどの程度の影響を与えるのかを細かく把握できれば，地域貢献・社会貢献といった観点からも数量効果が得られることになり，説明責任が問われる現代社会では貴重な情報となる．

　このような貴重な情報を得られる手段として，産業連関分析は有効な分析手法である．品格経営をめざすうえで，自社以外への影響を計測・把握しておくことは，必要な思考となろう．

コラム
タカタ，エアバッグ欠陥問題に見る影響の広がり

　2014年に発生したタカタのエアバッグ欠陥問題は，全世界の自動車メーカーに多大な影響を与えた．国土交通省にリコールが届けられた車種を生産するメーカーは，日本国内では本田技研工業，トヨタ自動車，日産自動車，マツダ，三菱自動車，いすゞ自動車，富士重工業，ダイハツ工業であった．海外での販売も含めるとホンダアメリカ，ホンダカナダ，BMW，NUMMIまで多岐に及ぶ．タカタのエアバッグの生産量は世界第

2 位であり，影響も世界中に及んでいる．米運輸省・高速道路交通安全局（NHTSA）は，自動車メーカーではなく部品メーカーのタカタに直接，リコールを要求している．こうなると，一部品メーカーで対応可能な範囲を超えてしまったといえるだろう．

この事例から，現代の産業構造では，ある一社の部材を利用していたというだけで，直接の補償責任はない他社にも大きな影響を与える．その場合に，自社が取引先や周辺企業に与える損害額について，あらかじめ見積もっておくことは，リスク管理の点からも必要であろう．

より深く学びたい人のために（参考文献と推薦図書）
[1] 入谷貴夫：『地域と雇用をつくる産業連関分析入門』，自治体研究社，2012 年.
[2] 宍戸駿太郎：「産業連関分析ハンドブック」，東洋経済新報社，2010 年.
[3] 松村文武，藤川清史：『"国産化"の経済分析—多国籍企業の国際産業連関』岩波書店，2004 年.
[4] 永田靖：『品質管理のための統計手法』，日本経済新聞社，2006 年.
[5] 関正雄：『ISO 26000 を読む—人権・労働・環境……．社会的責任の国際規格：ISO/SR とは何か』，日科技連出版社，2011 年.
[6] 藤井敏彦：『ヨーロッパの CSR と日本の CSR —何が違い，何を学ぶのか.』，日科技連出版社，2005 年.
[7] 三菱 UFJ リサーチ＆コンサルティング編著：『CSV 経営による市場創造』，日科技連出版社，2015 年.
[8] 古田一雄，長﨑晋也：『安全学入門—安全を理解し，確保するための基礎知識と手法』，日科技連出版社，2007 年.
[9] 濱口哲也：『失敗学と創造学—守りから攻めの品質保証へ』，日科技連出版社，2009 年.

第4章
情報品質の向上

本章では，情報管理，情報セキュリティを理解し，情報品質に対する管理の重要性と品格経営について考える．

4.1 情報とは

日本では，情報というと情報通信技術(Information and Communication Technology(ICT))のことをさすことが多く，情報技術に付随したものとして捉えられがちであるが，情報は有形・無形を問わず多岐にわたっているため，より広義に捉える必要がある．

「情報」を理解するうえで，データ，情報，知識の「3つのレベル」，または知恵を加えた「4つのレベル」の用語が用いられることが多いが，これらの関係の理解に向けて解説する．

4.1.1 データから得られる情報・知識・知恵

「データ」と「情報」の区別があいまいに捉えられていることがよくある．「知識」と「知恵」についても同じである．データから有益な知見を得るためには，はじめにこれらの用語を区別し，理解することが必要である．大きな流れとしては，「データ」から「情報」を作り，さらに「知識」として整理することである．そして，「知恵」については，「知識」を使えるようにしたうえで，到達点としての側面と，さらなる「新しい知識」を生み出すという別の側面がある．医療・介護・ビジネス・教育研究など，分野を問わずあらゆる業界で，データにもとづく判断が重視されてきている．データから意味づけされる情報の品質は，今後さらにその質向上が求められてくることであろう．きわめて少数のデータであれば，数値を眺めるだけで知りたいことが見えてくるのであろうが，近年われわれが

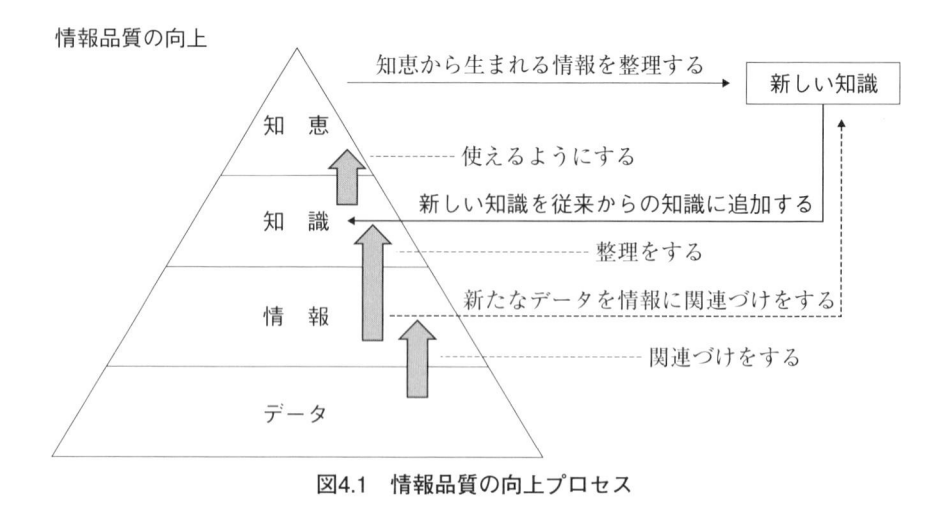

第4章　情報品質の向上

情報品質の向上

```
              知恵から生まれる情報を整理する    新しい知識
        知恵
              使えるようにする
        知識   新しい知識を従来からの知識に追加する
              整理をする
        情報   新たなデータを情報に関連づけをする
              関連づけをする
       データ
```

図4.1　情報品質の向上プロセス

直面するデータの量は，IT化のめまぐるしい加速にともない増加する傾向にあり，かつそのデータ構造も，複雑化してきている．そのため，データの取扱いは，単に技術ではなく，情報・知識・知恵の観点から理解する必要があり，その活用のために，統計学やデータ解析の手法を取り入れることも必要である．以下に，この「4つのレベル」の用語について整理する．

1. **データ（Data）**：意味のない事象．ビット，数字，文字，などで表される．「測定値」や「記録」などはデータの一種で，バラバラの要素（Disjointed Elements）
2. **情報（Information）**：集められ，整理されたデータ．これらが伝えられ，利用される関連づけされた要素（Linked Elements）
3. **知識（Knowledge）**：消化され，理解された情報．集団で共有される体系化された情報（Organized Information）
4. **知恵（Wisdom）**：広く受け入れられた知識．共有される知識の応用によるアウトプット（Applied Knowledge）

図4.1から，データが関連づけされ，集められたのが情報，情報が消化

されて理解され，整理されたのが知識，知識のうち広く受け入れられるものが知恵，という構図が見えてくる．情報は知識ではなく，知識は知恵ではない．そして，データは情報ではないということである．ここで重要なのは，知恵から創生される新しい知識を従来からの知識に追加することで，品格経営に向けた情報の質向上に結びつくことである．続いて，それぞれのプロセスを整理する．

4.1.2 データから得られる情報・知識・知恵

　A.M.マクドノウは，情報を「特定の状況における価値が評価されたデータ」と定義している．これは，「データ」とは単なる数値などの集まりであり，何らかの価値観・基準・目的を意識することにより，初めて「情報」となることを意味している．確かに，データ解析の基本的作業は，データから情報を取り出すことである．本章の最後に情報の安全管理についても触れるが，2015年10月にいわゆるマイナンバー法(行政手続における特定の個人を識別するための番号の利用等に関する法律)が施行され，2016年1月1日からマイナンバー制度が運用される．例えていうなら，個人を特定する生年月日，画像などの「データ」が収集され，「個人情報」という「情報」として整理されるということである．今後，多くの官公庁で「データ開示」「データの共有」「データ公表」が実施されることになり，企業・組織においても多くの対応が求められることになる．

　これらの「データ」を「情報」にするには，何らかの価値を設定し，評価しなければならない．この種のデータは，慎重かつ詳細な取り扱いをしても複雑な集計となるであろう．しかし，これらの集計を用いてグループ(市町村，税務，医療など)で共有することで，それがまた新たな「情報」となる．すなわち，一つの「データ」から複数の「情報」が生み出されることになるのである．重要なのは，どのような価値・評価を基準に実施するかである．「情報」から普遍化できた事項は「知識」と呼ばれる．また，基本的で汎用性の高い「知識」は，教材や解説書に書かれ，あるいは製品などに組み込まれていくかもしれない．

第4章　情報品質の向上

われわれは，いくつかの「情報」から「仮説」を作り出すことができるが，この「仮説」を検証することができれば，それが「知識」となるのである．

4.1.3　知識の解析から得られる知恵，知恵から得られる新しい知識

　何らかの相談を受ける際，被相談者は相談者が何をしたいかを聞き出すことが第一歩である．その目的に従い，どのようなデータを収集するか考え，そしてその解析のための手法やモデルを考え，目的の実現に向けたHow（方法）を教えることになる．これは，「知恵を貸す」ことである．なお，データ解析により知恵を得ることも可能である．はじめに紹介したとおり，「データ」から「情報」を整理し，「知識」を見つけ出すプロセスがあるが，どの分野でも，「情報」や「知識」を総合的に判断し，行動を決定することは典型的なパターンである．このことも，重要な「知恵」といえるのである．国語辞典では，知恵とは「道理を判断し処理していく心の働き．筋道を立て，計画し，正しく処理していく能力」と説明されている．これらの「知恵」は，例えば地域社会，国際社会のニーズなどの新たな情報を得ることにより新しい知識として加わり，さらに付加価値のある知恵を創り出していくのである．

4.2　情報品質とは

　情報の品質に関する研究分野では，「情報品質」という言葉が使われる一方で，「データ品質」という言葉も使われている．必要に応じて，また研究者間において，これらを同義語として使用しているケースも少なくない．「情報品質」と「データ品質」にはそれぞれの品質を形成する多くの側面があるが，ここでは，これらの相違についての解説は割愛する．「情報品質」とは何かについては第2章でも述べたが，第1章1.4節で述べた「品質マネジメントの8原則」に立って「顧客重視」の考え方を用いると，「情報を渡す側」と「情報を受け取る側」の大きく2つに分けられ

る．ここでは，「情報の受け取り側」に立って整理する．はじめに「顧客重視」の考え方についてであるが，推奨されている6つの施策を以下に示す．

1) 顧客のニーズと期待とを理解する．
2) 組織のゴール及び目標が顧客のニーズと期待とつながりを持つよう徹底する．
3) 顧客のニーズと期待とを組織全体に伝達する．
4) 顧客満足を測定し，その測定結果にもとづき対応をとる．
5) 顧客との関係を運営管理する．
6) 顧客とその他の利害関係者とに対しバランスのとれたアプローチをとるよう徹底する．

ここでいう顧客の「ニーズ」と「期待」には，顧客により明示された現在と将来の「ニーズ」と「期待」，ならびに暗黙の「ニーズ」と「期待」が含まれる．したがって，この「ニーズ」と「期待」のなかの「情報」を適切に把握する必要がある．1963年にアメリカの理論経済学者ケネス・アローにより指摘された情報の非対称性といった，決してあいまいな情報などあってはならないのである．また「顧客満足」であるが，JIS Q 9000：2006（品質マネジメントシステム―基本及び用語）の定義では，「お客様の受け止め方」をいい，決して大満足を求めているわけではない．しかし，顧客の「期待」を超えるように努力すべきであるとも記されている．これらの用語を「情報」と重ねてみると，「顧客重視」における情報品質の重要性が見えてくる．またこれは，第5章のサービス品質においても重なるものである．

あらためて整理するが，経営分野における「情報品質」は，一般的に「利用への適合性」，つまり情報を必要とする「利用者の利用目的にどれほど価値のあるものなのか」と定義されている．もっとも，これもISO 9001における顧客満足の観点で「適合性」に焦点を当てた考え方である．この評価すべき対象として，生産者の要望，欲求，使用者・利用者の要望，欲求および地域社会やグローバル化する国際社会に対する配慮などが

あり，どの段階およびどの側面における「適合性」を考えるかによって，情報品質の概念も大きく変化する．本章は情報の品質向上を中心課題としているが，情報の獲得，そして高い情報品質の実現のインプット情報には，データ，ならびにデータを利用する文脈の検討が必要なのである．また，情報品質を高めるためには，データに求められる完全性（正確性），信頼性，客観性，利用性などの特性におけるデータ品質の評価も重要であり，このことは，データを利用する目的の一つとしても，また利用者の担当業務の効率性や付加価値を高めることにもなる．高い情報品質は，情報管理と情報セキュリティの効果を高め，システム運用に欠かせない重要なアイテムなのである．

4.3 情報管理と情報セキュリティ

「情報管理」というと，「情報セキュリティ」に関する取組みと考える方も少なくないであろう．「情報管理」と「情報セキュリティ管理」をほぼ同義とみなす傾向があるが，以下に整理する．

一般的に「情報管理」とは，
1) 事業機密の保護
2) データの保護
3) システムおよびセキュリティに関連する情報の保護
4) システム設計を含む知的財産の保護

の4点を目的とする一連の取組みをさす．

一方「情報セキュリティ」は，情報（Information），もしくは情報技術（IT, Information Technology）についてのセキュリティ問題を扱う分野である．なお，よく「ITセキュリティ」という用語が用いられることもあるが，「情報セキュリティ」の対象となる情報は，ITに特化した「ITセキュリティ」よりも広義である．「情報セキュリティ」という言葉は，「情報」と「セキュリティ」という2つの言葉から成り立っているが，ここでいう「情報」とは，PCのハードディスクやCD-ROMに入っている

4.3 情報管理と情報セキュリティ

情報，インターネットやクラウド上の情報，紙媒体での情報などをさす．つまり，文字や音声，画像をデータに変換したもの，また見聞きしたもの，そして知識など，有形・無形を問わず，あらゆる情報をさす．

また，「セキュリティ」は一般的に「安全」「防犯」「安全保障」などと訳されるが，企業・組織の情報システムを取り巻くさまざまな「脅威(Threat)」や「脆弱性(Vulnerability)」から，後述する「機密性(Confidentiality)」「完全性(Integrity)」「可用性(Availability)」の3要素（情報セキュリティのCIA）の確保を行いつつ，情報資産に対して具体的な管理策を講じ，正常に維持することである．このように，「情報管理」と「情報セキュリティ」には共通する部分が多いが，取り扱う情報の多様化と複雑化にともない，情報セキュリティの重要性はますます高まっている．なお，このことに対するICT業界の取り組みの現状だが，セキュリティの強化は当然のこととして，内部統制の必要性も声高に叫ばれている．そのため，企業・組織のプロジェクト・マネージャーには，プロジェクトを運営する際は「情報管理」を十分に意識し，情報を適切に管理する仕組みを構築することが求められているのである．

これまで，顧客重視の観点から情報管理を述べてきた．ここでは，情報サービス産業における製品の開発，提供現場から，情報品質を探ってみる．

情報サービス産業とは，コンピュータ製造業，情報通信業とともに，情報産業を構成する産業分野である．情報サービス産業は，IT(Information Technology)産業，もしくはICT(Information and Communication Technology)産業といわれ，社会の情報インフラを支える産業として国際的にも重要な位置づけにある．この情報サービス産業との関係は，あらゆる企業・組織に及んでおり，その取り扱う情報量は，莫大で計り知れない．

近年，ソフトウェアやITサービスの重要度が高まり，コンピュータ製造業や情報通信業においても，事業の主力はソフトウェアやITサービスを提供するシステムインテグレーションサービス(SI)へ移行している状況

にあり，3つの事業領域の垣根はなくなってきている．そのため，当然のことながら情報の保護，共有の管理体制の「見える化」が求められており，同時に，相互に利用，共有，データの追加，あるいは修正されていく情報に対して，高い情報品質が求められているのである．しかしながら，急速な技術革新をしているハードウェア産業や，もはやドッグイヤーを超越してマウスイヤーで進化し続けているITビジネスであるにもかかわらず，残念ながらソフトウェア開発の現場は，20～30年前と何一つ変わっていない．20～30年前と比べ，はるかに多くの情報を必要とし，高いセキュリティの管理が求められているにもかかわらず，旧態依然としたままである．また，働いた時間だけお金を得るという派遣から成長した業界体質があり，このような労働集約的なやり方を続けた結果，残念ながら日本のIT業界は世界に遅れをとっている．

　「生産性の向上」「コスト削減」「品質向上」は，業種を問わず，製造業における共通課題である．日本企業は，この目標を実現するために，さまざまな「改善活動」や「インフラストラクチャーの導入」など，絶え間ない努力を行い，その結果，世界のリーダーとして君臨している．何より「品質管理」は，日本の得意分野である．自動車産業や家電産業はもとより，他の業界を見ても「品質」を武器に国際競争力を身につけている．したがって，ソフトウェア産業においても，製造業のように「機械化」をはかり，効率的な開発を検討していく必要がある．今，日本のIT業界が世界と互角に戦うには，「プロジェクト管理」がポイントとなる．開発プロセスを見直し，プロジェクト管理での設計／開発／レビュー，検証といった一連の開発プロセスにおける情報の収集，共有ならびにその情報品質の向上なくして，プロジェクト管理の有効性は高められないのである．

　現在，日本版企業改革法（日本版SOX法）の法制化に向けた作業が進行中であることを承知している読者は多いであろう．日本版SOX法は，財務報告書に不正や誤りがないよう，経営者に内部統制の有効性評価を求めるものである．これに対応するには，社内の業務プロセスなどの文書化や，それが正しく遂行されているかに関する評価が求められる．当然，シ

ステム部門も対象となる．情報システムの構築・刷新プロジェクトでは，企画・設計から開発プロセスの各工程で，実施記録や承認記録などのデータを残し，検証可能な状態で管理していく「IT内部統制」が必要になる．そのため，プロジェクト・マネージャーは，プロジェクト全体で"可監査性"を意識しなければならない．コンプライアンスは当然として，多岐にわたるあらゆる側面から，情報管理の質向上が求められているのである．

4.4 情報セキュリティのCIA

　情報品質をより理解するために，情報セキュリティについて述べる．2.3節で，ISO 31000の定義にもとづきリスクを「目的に対する「不確かさ」の影響」とし，この「不確かさ」に対するリスクマネジメントのプロセスを述べた．ここでは，ISO/IEC 27002：情報セキュリティマネジメントシステムの実践のための規範(Code of practice for information security management)における情報の「機密性(Confidentiality)」「完全性(Integrity)」「可用性(Availability)」(この3要素の頭文字をとって「情報のセキュリティのCIA」と呼ばれる)について述べる(図4.2)．続いて，情報のもつリスクの特定，リスク分析，リスク評価，リスク対応に至るプロセスを理解し，リスクアセスメントから情報品質の側面を探ってみる．

　情報セキュリティにおけるリスクの特定とは何か，その定義ついて説明する．ISO 27001におけるリスクの特定とは，「情報の機密性，完全性，および可用性の喪失にともなう情報の特定，脅威の特定，脆弱性の特定，そして脅威が現実のものとなった際の影響の特定，ならびにそのリスクオーナー(責任者)の特定」をさす．「脅威」については，セキュリティに関するさまざまな脅威が考えられるが，データやシステムにアクセス権限を持たない者によって盗み見されること，改ざんされること，消去されることなどの脅威が，一般的に存在する．

　また，ネットワークシステムの場合においては，盗聴される脅威などが存在し，さらにシステムへのアクセスにおいては，本人でない者がアクセ

第4章　情報品質の向上

```
情報セキュリティの3大要素（CIA）
・機密性（Confidentiality）
    情報が許可されたものだけがアクセスできることを確実にすること．機密性の欠落による事象には情報漏えい，窃取，不正利用などがある．
・完全性（Integrity）
    情報が完全（正確）であることを確実にすること．完全性の欠落による事象には情報の改ざん，誤入力などがある．
・可用性（Availability）
    情報が常に利用できることを確実にすること．可用性の欠落による事象には情報の破壊，紛失盗難による利用停止などがある．
```

（図：完全性 Integrity／機密性 Confidentiality／可用性 Availability の3つの円が重なる情報セキュリティのCIA）

図4.2　情報セキュリティのCIA

スを試みる脅威が，一般的に存在している．これらの脅威は，データやシステムの機密性，可用性，完全性を侵害する可能性がある．「脆弱性」とは，保有している情報システムが，セキュリティ上の脆弱性を持つ可能性があることを意味している．オペレーティングシステムの脆弱性あるいはアプリケーションシステムの脆弱性である可能性も考えられる．さらに，ソフトウェアの脆弱性である場合と，セキュリティホール（Security hole）と呼ばれるセキュリティ上の設定の不備である場合がある．そして，これらの組合せがリスク（Risk）である．情報品質を管理し，向上させていくためには，情報セキュリティのCIAによる管理は欠かせないのである．

　ISO/IEC 27001情報セキュリティマネジメントシステム（Information Security Management System）では，さらなる情報品質の向上をめざすために，「CIA」の3要素以外に「責任追跡性（Accountability）」「真正性（Authenticity）」「否認防止（Non-repudiation）」，および「信頼性（Reliability）」などの特性を維持することが推奨されている（図4.3）．情報品質を管理し，向上させていくためには，これら4つの特性を加えて情

4.4 情報セキュリティのCIA

管理することは，当然のことである．なお，これらの要素は，それぞれに作用しあって管理される（表4.1）．また「安全性(Safety)」，つまり情報の安全管理については，個別に定義はされていないが，リスクマネジメント（リスクアセスメント）のなかに落とし込まれ，すべての要素の底辺に位置している．

図4.3 情報セキュリティの要素

表4.1 情報セキュリティの4特性

責任追跡性 （Accountability）	あるエンティティ（組織や団体をいう）の動作が，その動作から動作主のエンティティまで一意に追跡できることを確実にする特性．
真正性 （Authenticity）	情報システムの利用者が，確実に本人であることを確認し，なりすましを防止すること．
否認防止 （Non-repudiation）	ある活動または事象が起きたことを，後になって否認されないように証明する能力．
信頼性（Reliability）	意図した動作および結果に一致する特性．

第4章　情報品質の向上

4.5　リスクアセスメント

　リスクアセスメントとは，情報が持つリスクの特定からリスク分析，リスク評価に至るプロセスのことをいい，リスク分析とは，リスクの性質を理解してリスクレベルを決定するプロセスのことをいう．つまり，特定されたリスクが実際に生じた場合に起こり得る結果と現実的な起こりやすさについて，そのリスクレベルを決定することである．リスクとは，事象の発生確率と事象の結果の組合せのことで，リスクの大きさは結果の重大性

```
リスクアセスメント
  ├─ 管理すべき情報資産の洗い出し
  ├─ 情報資産に対するリスクの識別と分析
  └─ 特定したリスクの評価（発生の頻度・影響）
       │
       ▼
    リスクは許容範囲内か ──Yes──▶ リスク低減
       │No
リスク対応
  ├─ リスク低減
  ├─ リスク移転
  └─ リスク回避
```

縦軸：高←リスク発生の可能性（脅威×ぜい弱性）→低
横軸：小←リスク発生時の損害の大きさ（影響）→大

- 回避
- リスク低減
- 受容
- 移転

　左図はリスク評価からリスク対応までのプロセスを図にしたものである．「リスクの特定」で明確にした情報資産，脅威，ぜい弱性，影響に関する情報を体系的に使用し，資産の機密性，完全性，可用性を考慮したうえで「結果の重大性」，「リスク発生の可能性」を評価し，リスクごとに企業・組織にとって最適の対応を決定することが重要である．

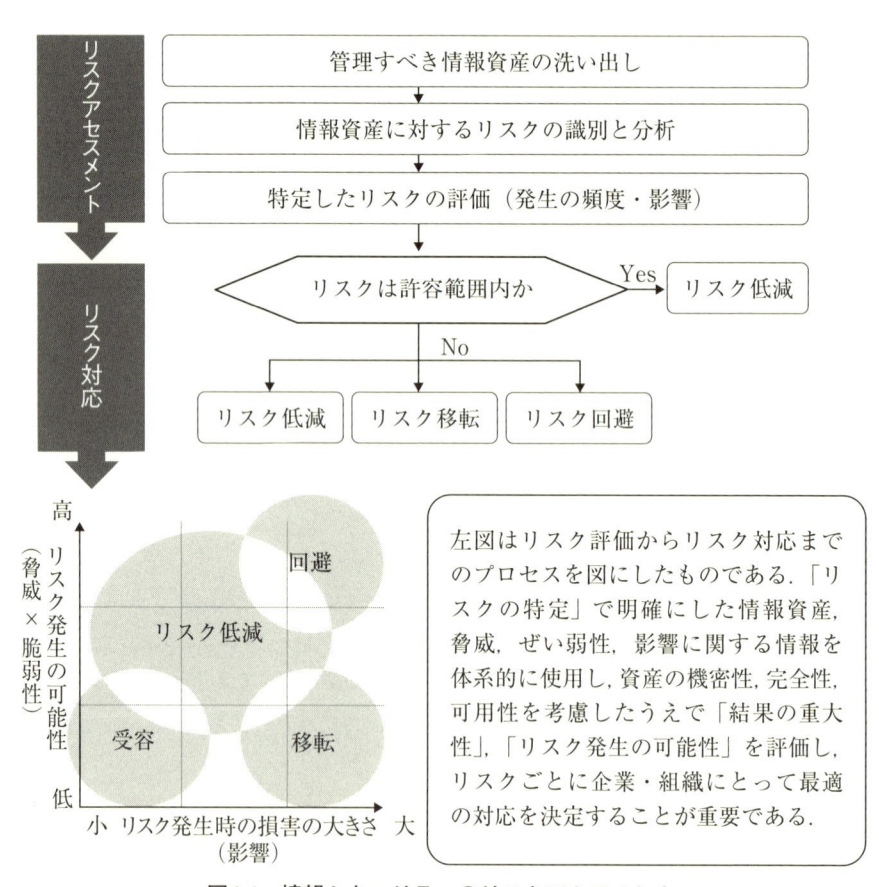

図4.4　情報セキュリティのリスクアセスメント

と発生の可能性で表わされることが多く,これは,情報セキュリティにおける予防処置的位置づけと安全性確保の担保にほかならない.

またリスク評価とは,リスク分析で評価したリスク値と受容基準を比較し,特定されたリスクが受容可能か,あるいは何らかのアクションをとる必要があるかの評価を行うことである.その手順は,機密性,完全性,可用性の影響度を見積り,数段階のレベルの中で資産価値を決定して割り当て,続いて脅威(影響度・発生可能性),脆弱性を特定し,リスク値を特定する.そして,特定されたリスク値とリスク受容基準を比較して,リスク対応を実施することである(図4.4).一般的に,リスク値は図4.5のような計算式で表される.

・セキュリティ発生可能性評価の計算式:
　発生可能性　＝　脅威　×　脆弱性
・セキュリティリスク評価値:セキュリティリスクを評価するため,セキュリティリスク値を計算する
　計算は,「機密性」「完全性」「可能性」に対してそれぞれ行う.
　計算式:(発生可能性×資産価値評価)　÷　最大セキュリティリスク値　×　100
　　　＝　最大セキュリティリスク値
　(機密性):脅威 (X1)　×　脆弱性 (Y1)　×　機密性資産価値 (Z1)　＝　36
　(完全性):脅威 (X2)　×　脆弱性 (Y2)　×　機密性資産価値 (Z2)　＝　26
　(可能性):脅威 (X3)　×　脆弱性 (Y3)　×　機密性資産価値 (Z3)　＝　22
・リスク許容基準:セキュリティリスク値33以下は許容する.

図4.5　セキュリティリスク発生可能性評価

4.6　情報と安全管理

4.4〜4.5節でISO 27001情報セキュリティのCIAならびにリスクアセスメントについて述べたが,本規格の要求事項には,安全管理に対する明確な要求事項はない.これは,ISO規格のすべてに共通していえることでもあるが,リスクアセスメントをはじめ,「附属書A 管理目的及び管理策」の要求そのものが,起きてはならない事象を想定した未然防止的かつ

第4章　情報品質の向上

安全管理策としての概念が前提にあるからである．過去の失敗事例の集大成といっても過言ではない．また，情報は宇宙工学，原子力，地球環境，遺伝子研究，行政，医療，製造，食品，建設，社会福祉など，リストアップしきれないほど膨大であり，かつそれぞれに特質をもっている．こうした情報や情報を構成するデータの安全管理，つまりリスクアセスメントなしには，情報品質の維持は不可能である．

次に，不正アクセスにおける情報漏えいについて考える．グローバル化する情報化社会において，大規模な社会不安から個人レベルの不安まで，あらゆる不安に関心が集まるようになり，さまざまな危機管理対応策や安全管理対策が真剣に検討される時代に入ってきた．特に，経営の根幹にかかわる危機要件として「情報の安全対策」の重要性が一層高まり，そのセキュリティ対策の「質」が経営者の関心を集めている(図4.6)．インターネットの急速な普及により，国内のみならず海外の情報にも手軽にアクセ

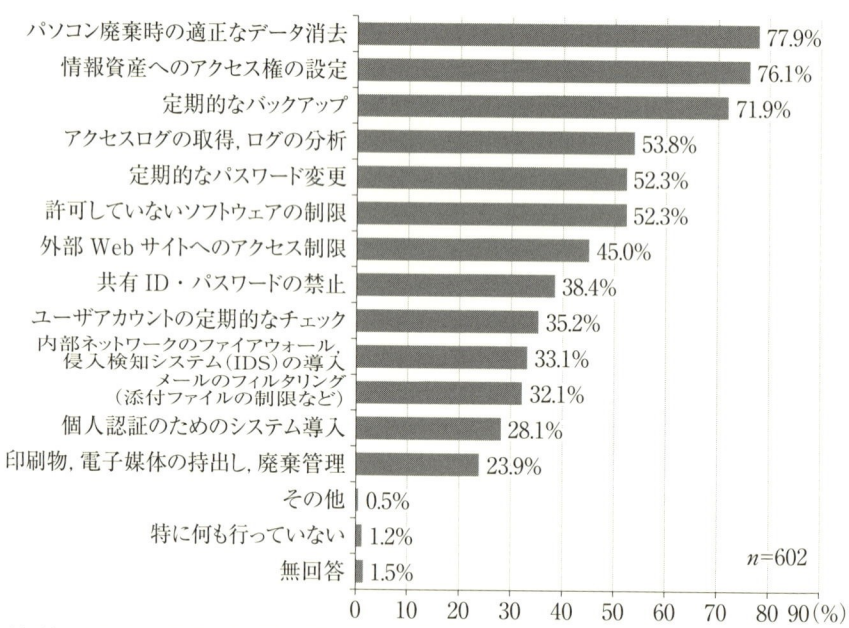

項目	%
パソコン廃棄時の適正なデータ消去	77.9%
情報資産へのアクセス権の設定	76.1%
定期的なバックアップ	71.9%
アクセスログの取得，ログの分析	53.8%
定期的なパスワード変更	52.3%
許可していないソフトウェアの制限	52.3%
外部Webサイトへのアクセス制限	45.0%
共有ID・パスワードの禁止	38.4%
ユーザアカウントの定期的なチェック	35.2%
内部ネットワークのファイアウォール，侵入検知システム(IDS)の導入	33.1%
メールのフィルタリング(添付ファイルの制限など)	32.1%
個人認証のためのシステム導入	28.1%
印刷物，電子媒体の持出し，廃棄管理	23.9%
その他	0.5%
特に何も行っていない	1.2%
無回答	1.5%

$n=602$

(出典)　警察庁生活安全局情報技術犯罪対策課：『不正アクセス行為対策等の実態調査　調査報告書』，2015(平成27)年1月．

図4.6　内部からの不正アクセス等への対策実施状況

スすることができるようになったが，その反面，国内外を問わず不正請求や不正な手法を用いて個人情報を取得する Web サイトなどによる被害の発生も増加傾向にある．

警察庁が発表している不正アクセスの認知件数によれば，とりわけ情報の不正入手を目的としたものが増加しており，2009 年の調査時に比べて 10 数倍に増加している．しかし，認知されていないものも含めると，想定できないほどの数の不正アクセスが横行しているものと考えられる．そのため，企業が保有する顧客情報やセンシティブ情報の漏えいに対する社会的な関心も高まっている．したがって，情報システムに対するセキュリティ対策，開発段階や運用での対応の強化，グローバルな情報管理への対応などについて重要性が増しており，不正アクセスなどへの規制強化や情報サービス企業における情報セキュリティへの対応強化などが求められている．また，情報化端末などを利用するユーザーにおいても，情報セキュリティについての正しい知識や情報セキュリティを意識した利用は必須であり，情報漏えいなどを防止する安全管理対策が求められている．

4.7 マイナンバー対応と安全管理

「行政手続における特定の個人を識別するための番号の利用等に関する法律」(マイナンバー法)が 2015 年 10 月 5 日に施行され，同法にもとづく「社会保障・税番号制度」(マイナンバー制度)の運用が，2016 年 1 月 1 日から予定されている．マイナンバーとは，国内に住民票を持つすべての国民に対して通知される 12 桁の数字の「個人番号」である．企業・組織では，2016 年 1 月以降，健康保険や年金などの手続き，源泉徴収票への記載にマイナンバーを利用するようになる．そのため，事前に従業員から本人とその家族のマイナンバーを収集して確認を行い，制度で決められた業務での利用と，マイナンバー関連情報の厳重な保管・管理，確実な廃棄・消去が義務づけられている．マイナンバー制度への対応で企業・組織が最も頭を悩ませる課題が，マイナンバー関連情報の安全な管理であろう．マ

第4章　情報品質の向上

イナンバー制度では，氏名や住所などのさまざまな個人情報と関連づけて利用することから，「特定個人情報」に指定されており，社外へ漏えいしてしまうと大きな問題となる．実際，マイナンバー法では，不正利用や情報漏えいに対して懲役や罰金による厳しい罰則が規定されている．従来からある「個人情報保護法」は，原則として5000人以上の個人情報を保有

◎基本方針の策定
・特定個人情報(マイナンバーを含む情報)の保護に関する基本理念を明確にする
・法令遵守・安全管理・問い合わせ・苦情相談などに関する方針を定める　など

◎取扱規定
・特定個人情報などを取り扱う場合のマニュアルや事務フローなどの手順を示した文書を作成する．
・それらを従業員が容易に参照できるようにしておく　など

◎組織的な措置
・担当者を明確にする
・担当者以外は特定個人情報を取り扱わない仕組みを構築する
・注期体制の整備，取扱規定などにもとづく運用，取扱状況の把握および安全管理措置の見直しを行う　など

◎人的な措置
・従業員の監督・教育を行う　など

◎物理的な措置
・担当者以外が特定個人情報を取り扱うことができない工夫を講じる
(具体例：壁や間仕切りなどの設置，のぞき見されない座席配置の工夫，鍵付きのキャビネットに書類を保管するなど)
・機器および電子媒体などの盗難などの防止，持ち出す場合の漏洩などの防止，マイナンバーの削除，機器および電子媒体などの廃棄などの措置を講じる　など

◎技術的な措置
・担当者を限定するためのアクセス制御などを行う
・ウィルス対策ソフトの導入及び最新状態にアップデートしておく　など

図4.7　マイナンバー制度における6つの安全管理措置

する事業者が対象だったが，マイナンバー法では，すべての企業・組織が対象となり，従来は個人情報保護法と無縁だった企業でも，同法にもとづく安全な情報管理体制を構築しなければならないのである．マイナンバー制度への対応は，企業・組織にとっての義務であるが，そこで求められている安全な情報管理は，大切な情報を不正利用や漏えいなどのリスクからしっかり守るという基本的な取組みであり，同時に，情報管理の安全性の確固たる信頼を得る機会でもある．マイナンバー制度への対応で企業・組織に求められる安全管理措置は，具体的に「特定個人情報の適正な取扱いに関するガイドライン(事業者編)」の中で規定されている．特に，物理的および技術的な措置として注目したいのが，「電子媒体等を持ち出す場合の漏洩等の防止」(物理的安全管理措置)と「アクセス制御」「外部からの不正アクセス等の防止」「情報漏洩等の防止」(技術的安全管理措置)である(図4.7)．

　情報漏えいのリスクにかかわる「電子媒体等を持ち出す場合」や「情報漏えい等の防止」では，具体的にデータや通信経路における暗号化，パスワードで保護可能なツールの使用が必要であろう．「企業・組織にとって情報漏えいは重大な経営リスクの一つであり，さまざまな対策手段も提供されているが，まず社内にどのような情報資産が存在しているのか情報資産の洗い出しを行い，その重要度などに応じて適切な保護を講じることが優先される．安全な情報管理体制づくりのためには，その運用の"基盤"ともいえる組織的，人的な取組みも重要である．ガイドラインでは，組織と人の両面から，民間企業に安全管理措置を講じるように求めている．多くの企業でセキュリティ対策に関する基本方針や規定，管理体制などが整備されているが，マイナンバー制度に合わせて現システムを見直す必要があろう．

コラム
日本年金機構の情報漏えい

　2015年5月，日本年金機構が標的型攻撃を受け，年金加入者の氏名や基礎年金番号といった個人情報，約125万件が漏えいした．この問題を受けて，政府は「再発防止」に全力をつくすとしているが，本当に必要なのは，メールを開いてウイルスに感染しないようにする再発防止策ではない．なぜなら，一次災害というのは，その発生を抑えることはできないからである．したがって，情報セキュリティなどの安全管理の側面から述べるなら，もし攻撃を受けても，早期に検知し，大規模な情報流出に至らないよう，二次災害に対する被害を最小限に食い止める仕組みの構築が重要である．

　今回の直接的原因は，中国やアメリカのサーバーを経由してのマルウェアと言われる不正プログラムによる感染であるが，少なくとも現時点での内訳は，「基礎年金番号と氏名」の組合せが約3.1万件，「基礎年金番号と氏名，生年月日」の組合せが約116.7万件，「基礎年金番号，氏名，生年月日と住所」の組合せが約5.2万件で，該当する個人については基礎年金番号を変更し，対応するという．直接的な原因は，標的型攻撃メールを受け取った職員が添付ファイルを開き，マルウェアに感染したことだと説明されている．このマルウェアがLANを介して活動を広げ，ファイル共有サーバーから個人情報を盗み出し，外部に送信したというのである．

　しかし，より根本的には，同機構のシステム設計や運用に原因があったと考えられる．元々，年金加入者に関する個人情報は，基幹システム（社会保険オンラインシステム）上でのみ扱われるのが原則となっているが，やむを得ずインターネットと接続可能な情報系システムにCD-ROMを用いてコピーする際には，パスワードを使って保護するというポリシーが設けられていたという．しかし，このポリシーを実施するかどうかは現場の担当者に委ねられ，システムとして担保する仕組みとはなっていなかったのである．もし，例外的な運用が常態化するのであれば，ポリシーが強制

4.7 マイナンバー対応と安全管理

的（自動的）に実行されるシステムを重要な経営資源として導入すべきであったはずである．あるいは，目的と利便性のバランスが取れるようにポリシーそのものを見直すか，運用手順や業務プロセスを見直し，ルールを実態に即したもの変えるべきであったはずである．複数の報道によると，「なぜそのポリシーがあるのか」という目的が理解されずに運用されていたようで，すなわちポリシーが形骸化していた可能性が考えられる．

こうした背景には，昨今の脅威の高度化，巧妙化にセキュリティ対策が追いついていなかったことがあるが，具体的には，「不正侵入は起こり得る」という前提で定期的なログ解析や監視を含むセキュリティ運用がなされていなかったことがある．

しかし，もし不正侵入が当然に起こり得ることを前提として，ネットワークを常時，あるいは定期的に監視する仕組みがあれば，内部で侵入が広がり，情報の外部送信という致命的な事態に達する前に，ネットワーク接続の遮断などのしかるべき対策を打てた可能性がある．また，いざというときの緊急手順を定めておけば，レスポンスをより迅速に行えたであろう．

日本の組織や企業が標的型攻撃を受けるのは，これが初めてではない．2011年夏，三菱重工業をはじめ，複数の防衛関連のメーカーや衆議院などをターゲットに相次いで標的型攻撃が発生し，これを機に，その脅威が認知されるようになった．警察庁によると，その後も標的型攻撃の検知件数は増加しており，2014年に検知した標的型メール攻撃は，前年比約3.5倍の1723件に達したと発表している．

標的型攻撃は，巧妙かつ執拗な手口を用いることが特徴である．最新のシグネチャを用いても検出できない新種のマルウェアを使い，実際に存在する人物から所属する組織に関連する話題を折り込んだメールを送って受信者に疑問を抱かせないよう工夫を凝らし，時には何度もやりとりしてからマルウェアを送り込むなど，時間や手間をかけて侵入を試みる．したがって，どれほどユーザーに注意を呼び掛け，エンドポイントでの対策を実施したところで，再度述べるが，一次災害である最初の感染を100％防

第4章　情報品質の向上

ぐことは不可能なのである．

より深く学びたい人のために（参考文献と推薦図書）

［1］　安西祐一郎：「情報」，『岩波　哲学・思想事典』，岩波書店，1998 年．
［2］　大澤真幸編：『社会学の知33』，新書館，2000 年．
［3］　関口恭毅：『情報品質』，日本規格協会，2013 年．
［4］　小倉昌男：『経営学』，日経 BP 社，1999 年．
［5］　山下倫範，上山俊幸，木川裕，福田真規夫，南憲一：『経営情報論』，日科技連出版社，2007 年．
［6］　島田裕次：『個人情報保護法への企業の実務対応』，日科技連出版社，2003 年．
［7］　野中誠，小池利和，小室睦：『データ思考のソフトウェア品質マネジメント』，日科技連出版社，2012 年．
［8］　Capers Jones 著，富野壽，小坂恭一 訳：『ソフトウェア開発の定量化手法（第 3 版）』，共立出版，2010 年．

第5章
サービス品質向上の重要性

　ここでは，サービス品質の観点から品格経営のあり方を考えてみる．サービス品質とは何か，またサービス品質を顧客に認知，評価される仕組みを理解するとともに，品格経営を体現するために，現場レベルでどのような取組みをしていけばよいのかについて考えてみる．

　ここでいうサービス品質とは，商品品質とそれに付帯するサービスを含めた概念である．本来，商品品質とそれに付帯するサービスは区別されるものと扱われてきたが，今日のITサービスに見られるように，商品とサービスが一体化したものもある．そのため，商品品質と付帯サービスとの明確な区分はここでは行わない．

　サービスには有形，無形の2種類がある．

　有形のサービスとは，例えば，コンビニエンスストアにおいて店員が購入した商品をレジ袋に丁寧に入れてくれる，ガソリンスタンドで給油中に店員が窓を拭いてくれるなどのように，目に見える形で把握できるサービスのことである．

　一方，無形のサービスは，目には見えないが，意外に多いことに気づかされる．

　例えば，レストランに行き，家族で食事をする光景を思い浮かべてみよう．レストランに限らず，食事を提供するところでは，注文から15分以内に食事を提供する，大人よりも子供の注文の配膳を優先するなど，顧客の視点に立ち，顧客に対して気遣いをしている．その他では，公共施設などでのWiFiの設置よるインターネット接続環境や，高級ホテルなどでよく体験する浴室や廊下，エントランスやダイニング，スリッパや下駄など，他の顧客による使用感をまったく感じさせない心遣いなども，無形のサービスの代表例といえよう．

　「ものごとはね，心で見なくてはよく見えない」

「いちばんたいせつなことは，目に見えない」

これは，サン＝テグジュペリの1943年の代表作，『星の王子様』の有名な一節である．固定観念や先入観が形成されるようになると，本当に大切なものは見えにくい，見ようとしない，見えなくなってしまうのかもしれない．

しかしながら，見えないサービスが顧客に対して理解されていない，認知されていないということは，現実的には顧客からの評価を得られていないのと同じである．この見えないサービスを可視化させ，顧客に認知させ，正しい評価を得ていくことも必要である．

先ほどのレストランの例でいうなら，一流のシェフが顧客の前で見事な包丁さばきを披露しながら調理を行い，食事を提供したり，顧客に対して事前にサービス内容の説明を行うなどは，これまで顧客目線では見えていなかった部分についてサービス内容を認知させるための試みである．

どんな優れた良質なサービスであっても，顧客が認知していない，あるいは評価していないようでは，現実には顧客に対してサービスを提供していないことと同じことであり，顧客に対してサービスの価値が生まれていないといえるだろう．

5.1 サービス品質とは

サービスの品質を考える際，生産者・供給者の視点も重要であるが，消費者や便益を受ける側からの視点も重要である．

一般に企業側，つまり生産者・供給者の観点からサービスの品質を捉えた場合，図5.1のようになる．

生産者視点での品質には，基本的には設計品質と製造品質があるが，ここでは，過剰品質にも注目する．

見えないサービスを可視化することで，顧客はそのサービスを認識し，価値観を形成することができる．顧客にそのサービスを認識させる努力を払うのは，サービスを提供する側であり，その可視化をどのように，また

5.1 サービス品質とは

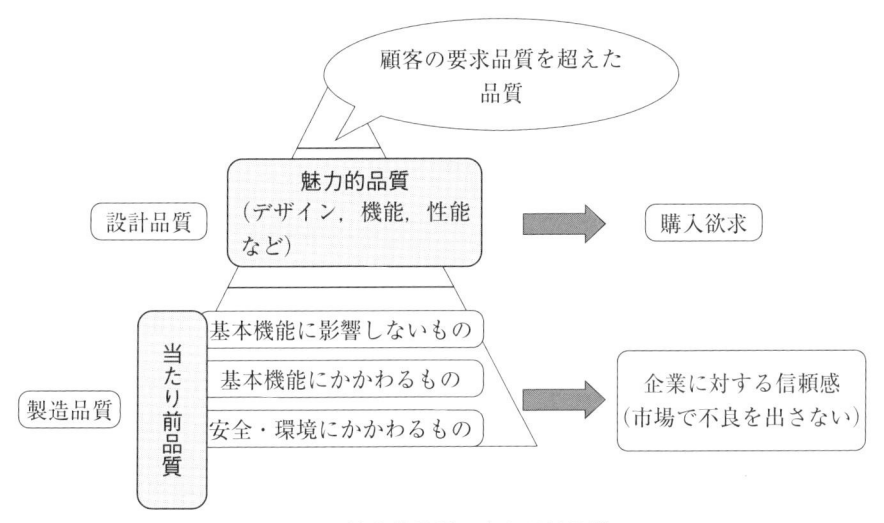

```
                    ┌─────────────┐
                    │顧客の要求品質を超えた│
                    │    品質      │
                    └──────┬──────┘
                           │
              ┌────────────────────┐
              │    魅力的品質       │
   [設計品質]   │(デザイン，機能，性能│  ⇒  [購入欲求]
              │     など)          │
              ├────────────────────┤
              │当│基本機能に影響しないもの│
              │た├────────────────┤
   [製造品質]   │り│基本機能にかかわるもの │  ⇒  ┌──────────────┐
              │前├────────────────┤       │企業に対する信頼感│
              │品│安全・環境にかかわるもの│       │(市場で不良を出さない)│
              │質│                │       └──────────────┘
              └────────────────────┘
```

図5.1 魅力的品質，当たり前品質

どの範囲で，どの程度を行うのかは，サービスを提供する側に委ねられている．

サービス提供者側の努力によるサービスの可視化は，顧客と向き合う形で検討され，行われるものの，必ずしもそのすべてを意図したとおりに認知してくれるとは限らない．すなわち，意図しない形での顧客満足が得られることもあれば，意図したとおりには顧客満足が得られないこともある．場合によっては，顧客の認知が得られず，評価すら得られないこともあるだろう．過剰品質の問題を考える場合，重要なのは，意図したとおりに顧客満足が得られていない場合や，顧客からの評価すら得られていないケースである．

過剰品質については，次節で詳細に取り上げることとし，まずは生産者視点での品質，魅力的品質，当たり前品質について説明する．

Kano Modelでは，魅力的品質，当たり前品質を表5.1のように定義している．

魅力的品質とは，「不充足でも仕方がない(不満には思わない)が，充足されれば満足」する品質であり，当たり前品質とは，「不充足だと不満，

第5章　サービス品質向上の重要性

表5.1　Kano Modelの定義

項目	内容	例（乗用車）
魅力的品質	不充足でも仕方がない（不満には思わない）が，充足されれば満足	ハイグレードクラスのハイブリッド車など
一元的品質	不充足だと不満，充足されると満足	燃費が良い，乗り心地が良い，など
当たり前品質	不充足だと不満，充足されて当たり前	故障しない，ABS機能がついている，など

充足されて当たり前」とされる品質であるとしている．

製造業では，「特に基本性能にかかわるところや安全や環境にかかわるところをきちんと不具合が出ないように作る品質」のことを当たり前品質であるとしており，トヨタ自動車などでは，それを「工程で品質を作り込む」という表現で示している．

この当たり前品質では，市場において不良品を出さないことが重視されていることに注意したい．当たり前品質は，企業に対する社会の信頼感に影響する．

例えば，不良品が工場や企業のなかでとどまっている限りにおいては，社会的な影響力はないものの，ひとたび市場に不良品が出回ってしまうと顧客からマイナスの評価を受けることになり，企業の社会的信頼性を大きく損なってしまうことになる．企業の社会的信頼性を損なわないためには，不良品を作らないようにするための仕組みの構築や品質が要求されるのである．

日本では，すでに1970年代の品質管理において，水野滋が提案した「プラスの品質，マイナスの品質」(1971年)，石川馨が発案した「前向きの品質，後ろ向きの品質」(1973年)などの概念があり，顧客満足を得るために必要な品質は一様ではないとの考え方が広まっていた．それらが，1984年に狩野紀昭(現，東京理科大学名誉教授)らが発表した魅力的品質

と当たり前品質などの概念につながっていくのである.

さて,ここまでの説明では,いかにも当たり品質と魅力的品質が備わっていれば,モノやサービスは売れるものと思われるかも知れないが,顧客の心理的側面を考えると,現実的にはそう単純ではない.

また,顧客満足のあり方を考える際,「不満の反対は満足であり」,「不充足の反対は充足」という認識を持ってしまうことがある.これは「一元的な認識方法」と呼ばれる.

しかし,実際のところ顧客満足—不満足の関係性は,もう少し複雑である.この両者の関係性を明確に明らかにし,世界的にも評価を得ているのが,1984年に狩野紀昭が提唱した狩野モデル(Kano Model：顧客満足モデル)である[1]).

Kano Modelでは,顧客満足の視点から品質管理やサービス品質を5つの品質要素に分類し,要素ごとに,またその充足度によって,顧客満足が異なることを明らかにした.

以下が,5つの品質要素である[11].

1. 魅力的品質要素
 「それが充足されれば満足を与えるが,不充足であっても仕方がないと受け取れる品質要素」
2. 一元的品質要素
 「それが充足されれば満足,不充足であれば不満を引き起こす品質要素」
3. 当たり前品質要素
 「それが充足されれば当たり前と受け止められるが,不充足であれば不満を引き起こす品質要素」
4. 無関心品質要素

---

1) 類似する議論として,臨床心理学において著名なアメリカのフレデリック・ハーズバーグ(Frederick Herzberg)の「動機づけ要因」と「衛生要因」からなる「二要因理論」がある.これは,人間の仕事上の満足度にかかわる論理であるが,満足を規定する要因と不満足を規定する要因は別個のものであり,それぞれ異なることを明らかにした.つまり,満足の反対は「不満足」ではなく,満足の反対は「満足ではない」とし,満足の対義語が不満足ではないことを示した.Kano Modelもこの二要因理論を参考にしたといわれている.

「充足でも不充足でも，満足も与えず不満も引き起こさない品質要素」

5. 逆品質要素

「充足されているのに不満を引き起こしたり，不充足であるのに満足を与えたりする品質要素」

このように，物理的な充足状況と使用者の満足感には，一元的な認識方法よりも，もう少し複雑な顧客心理が存在している．狩野は，これを「二元的な認識方法」としている．

5.2 過剰品質としての過剰サービス

顧客心理のうえに成り立つサービス品質を活かし，顧客満足を高めることにつながる品質を考えるうえで，すでにうまくいっている品質を前提に考えることも重要であるが，逆にうまくいっていない品質，例えば，顧客のニーズや要望と品質がかけ離れているような品質についても目を向けることは重要である．

顧客のニーズや要望と品質がかけ離れているような品質は，顧客の要求品質を超えた品質過剰な状態にあるといえる．このような品質は，一般的には顧客の求めていない品質である．しかし，それをすべて過剰品質として見なすことは，できないであろう．

似たような和製英語に，オーバースペックシンドローム（オーバースペック症候群）という用語がある．顧客の要求品質を超えた品質過剰な製品を供給しがちな体質のことをさす用語として使われているが，こうしたオーバースペックな商品であってもそれを好んで購入する消費者もいる．しかし，多くの消費者はこのような商品を受容できないであろう．

例えば，インド最大の自動車メーカーであるタタモーターズが，2009年に発売開始した4人乗り小型乗用車，「タタ・ナノ」は発表当時，10万ルピー（日本円に換算して約30万円）という衝撃価格を提示した．衝撃的な低価格の秘密は，日本のモノづくりの常識を超えた徹底したムダ排除

と，安全性，耐久性の現地ニーズとの擦り合わせにあった．

それらは，助手席側にしかついていないドアミラー，座席の真下に収納されたむき出しのバッテリー，留めるナットが3つしかないホイールなどに示されている．

他の例として，地震大国である日本では，耐震性に優れた建築資材が用いられる．高強度コンクリートもその一つであるが，超高層ビルが立ち並ぶ海外の大都市のすべてで採用されているわけではない．精緻な施工管理技術や材料の配合技術を持っている現地人材や，それに適した材料を入手することができなければ，現地採用はおろか現地調達することすらできない．もっとも大地震のリスクがほとんどない地域で，日本の優れた技術や材料を用いた超高層ビルが，本当に現地需要としてあるのかといった根本的な問題もある．

過剰品質とされる商品やサービスであってもそれを好んで受容する消費者もいる一方で，それに対して受容しない人もいることを忘れてはならない．

過剰品質は，その意味では二面性を有している．それらの商品やサービスを，過剰品質とは思わないで魅力的品質として受容できる層と，過剰品質であると認識し，受容しないあるいは受容できない層がいるということである．受容しないあるいは，受容できない層からすれば，その商品やサービスは購入に値しないものであり，魅力的品質，当たり前品質それ以前の品質にしか目には映っていないことを意味する．

もう少し掘り下げるならば，過剰品質を受容できない場合においても，消費者には，それを拒否できる場合と拒否できない場合が存在するものと考えられる．

北海道ではよくコンビニエンスストアでおにぎりを購入する際，「おにぎり温めますか？」と店員から話しかけてくる．寒冷地ならでは独自のサービスとも思われるが，冬場はともかく，夏場においても年中，このセールストークは変わらない．必ずしも全国のコンビニエンスストアで共通するサービスではないものの，過度なサービスであると受け止めている

消費者も多い．実際，いくつかのコンビニエンスストアで，冬場においてこのおにぎり暖めサービスを受容する顧客がどれくらいいるのかを調べたところ，およそ40％の購入者がこのサービスを希望していた．

この約40％の顧客からすれば，当たり前ないし魅力的なサービスと受け止めるであろうが，問題はこの数字を大きいと見るか小さいと見るか，にある．具材によっては温める必要のないものもあり，明らかなマニュアル対応としてのこのセールストークをわずらわしく感じる顧客もいるといえよう．

このサービスを受容できない顧客は，このサービスを拒否することで，無関心でいられるものの，仮にこれが拒否できないサービスであった場合には，不快感を覚えることになる．

ありがた迷惑なサービスなどはまさにこの類にあたるであろう．

しかしながら，かつては過剰品質や過剰サービスであったものが，技術進歩やサービスの普及により今や当たり前の品質やサービスになっているものの数多い．

来店時に作成を求められるポイントカードなどは，拒否できない部類に入る過剰サービスとも捉えられるが，来店頻度の多い顧客からすれば，ポイントサービスを受けられるメリットもあり，魅力的なサービスに映る．また，自動車においてもかつては特別オプションであったエアバックやパワーウィンドウなども今や標準装備として定着しているなど，技術進歩がもたらす効果も多い．

過剰品質としての過剰サービスも同様のものと考えられるが，先のKano Modelに従えば，このような品質は，どのような品質要素に当てはまるだろうか．

過剰品質とは，それが充足されれば満足，不充足であれば不満を引き起こすような単純なものではなく，魅力的品質要素，一元的品質要素，当たり前品質要素，無関心品質要素を兼ね備えたものであると考えられる．

5.2.1　供給者発生要因

ある人には当たり前品質や魅力的品質に映り，ある人には受容すらされ

ない品質を持つ，二面性を有した過剰品質は，なぜ発生するのだろうか．
　その主因は，供給側にも消費者側にもあると考えられる．
　まず，供給側の立場に立って顧客価値と品質の関係性を捉えると，顧客価値＜品質となる．顧客価値を超えたところでの品質という意味である．その発生要因について，2つの視点から考えることができる．
　1つ目は，意図的に顧客価値への接近性を図るものの，顧客側で形成される価値が想定していた程には形成・成熟しておらず，提供する商品やサービスの価値が十分理解されない場合である．商品やサービスそのものの本来的価値は高いものの，顧客の価値がまだそれに追いついていない状態ともいえる．
　2つ目は，最初から顧客価値への接近性を図ることが目的ではなく，新たな顧客価値の創造や顧客満足を求め，新しい価値を提供するために改良，改革を加えた品質が，市場とのミスマッチにより，顧客価値と乖離してしまう場合である．このケースは，先入観が先行し，十分な市場調査を行っていない場合に起こりやすくなる．
　この他にも，ライバルとなる競争業者との競争関係において，価格破壊をともなう価格競争から脱して，差別化競争に転化する場合にも起こり得る．顧客に対しての差別化ではなく，ライバル会社に対しての差別化に傾倒しすぎると，顧客ニーズとの接点は失われていく要因になる．

5.2.2　消費者発生要因

　一方，消費者側からもミスマッチを引き起こす要因はある．
　消費者による品質評価の多くは知覚に依存するが，知覚は経験に依存し，高品質なものと低品質なものとの区別や判断は，その経験にもとづく判断基準によるところが大きい．一般的に，消費者は不良品については敏感であるものの，高品質のものについては価値の理解が一定ではない．そのため，高品質なものであっても，それが本当に高品質なものであるかどうか評価できない場合もあり，これがミスマッチを引き起こす要因となる．例えば，高級ワインの入ったグラスを目の前に出されて，それを試飲

だけで見抜くことは，ワインをあまり飲み慣れていない人には容易にはできない．

　また，消費者による品質要求のエスカレートも要因としてあげられる．

　高品質を経験してきた消費者ほど高品質であるものを求め，不良品に対しては敏感になる傾向がある．仮に，その対象が低品質であるとの認識が芽生えると，消費者はその対象に対して見向きもしなくなる．一方，一度，高品質の商品やサービスに満足を覚え，顧客の価値評価が形成されると，継続的にそれを購入する可能性が生まれるのである．

　さらに，あげておきたいのは，消費者を介しての宣伝・口コミ効果である．

　口コミ効果とは，「ターゲットとなるユーザーとその周囲の人物との間で行われる企業の宣伝とは独立したコミュニケーションの効果」をいう．この消費者間のコミュニケーションは，企業からの情報よりも強い影響力を持つといわれ，この口コミ効果により，品質や商品に対する情報が拡散的に流布してしまうことがある．ときにそれは，実態とはかけ離れた口コミとなる場合もある．

　このように，生産者サイド，消費者サイド双方からの要因にもとづき，過剰品質や過剰サービスが生じる場合があるが，ここで重要なのは，それが過剰品質として顕在化するのは，消費者が知覚した場合に起こるということである．

　図 5.2 は，サービス品質の構造を図示したものである．

　サービスの品質は，最終的には顧客や市場の評価により決まるという側面を持つが，その評価は，顧客の「事前期待」や「知覚品質」ないし「知覚価値」の3つによって決まることになる．

　事前期待：顧客がサービス提供前に望むサービスの水準
　知覚品質：顧客がサービス提供時に抱くサービス水準への評価
　知覚価値：消費者が製品に対して抱く品質や費用に対する総合的な価値判断

　このように，実際のサービスの水準が顧客の期待に応えるものであるの

5.2 過剰品質としての過剰サービス

か否かにより，サービス品質の評価が決まるという構造になっている．つまり，顧客に対するサービスの水準が期待に応えるものであれば満足し，期待を下回ると不満を抱く．仮に，消費者が期待以上の満足を得られた場合には，繰り返しその商品を購入し，サービスを利用してみようとの誘引が働くであろう．

また，リピーターに留まらず，友人や他者にも自分自身の体験や感想を伝え，情報を共有したい欲求から口コミが広がっていく可能性がある．

このように，ロイヤリティの高い顧客が増えると，顧客が顧客を呼ぶ好循環が生まれ，企業収益も増加し，企業価値の向上につながる．つまり，期待を裏切らないサービス品質は，企業収益に好影響を与えるという構図が生まれるのである．

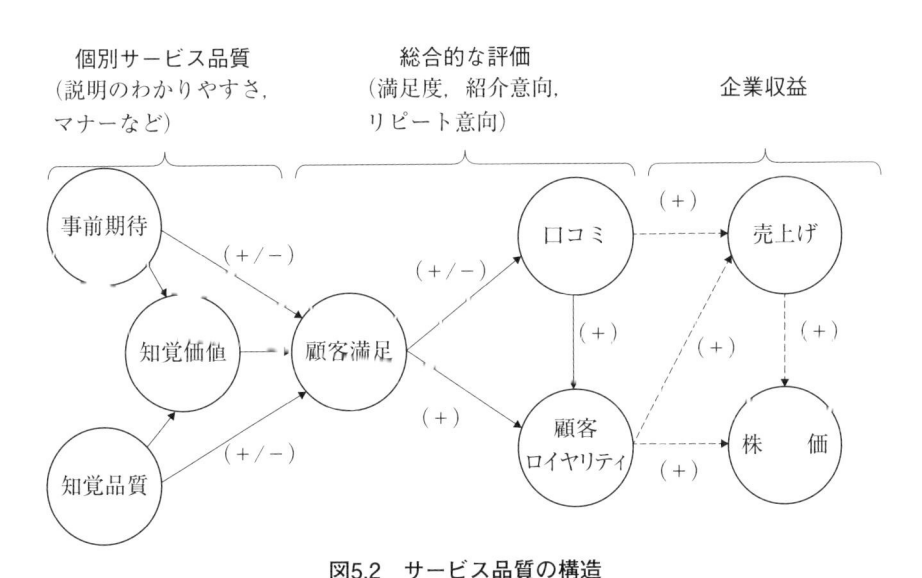

図5.2 サービス品質の構造

（出典）　二村毅，高橋広嗣，菅沼新子，皿田尚：「「サービス品質」マネジメントの革新」，『知的資産創造』2005年7月号，野村総合研究所，p.66，図1をもとに筆者作成．

5.3　品格経営のサービス品質

　サービス品質は，顧客にとっても，それを提供する側にとっても大事であるが，重要なのは，顧客からの要求に応えてサービスを「見える化」することである．

　サービスの見える化により，これまで顧客にまったく意識されなかった品質が顧客の目に映る機会が増える．またそれと同時に，それまで顧客に認識されていなかったサービスについての顧客の反応や評価にかかる情報を得る機会が生まれる．そうした情報を分析，検証することで，あるべき姿(理想)と現実との差を認識することができるようになる．

　理想と現実の差を埋め，理想により近づけるためには，その差を生みだしている原因の追究や原因のなかで最も重要な原因(真因)の追究と，真因への具体的な改善が必要になってくる．

　品格経営は，こうした具体的な改善のあり方にも特徴がある．既存の品質経営では，自社内での事前・事後の対応としての改善活動を前提に考えられてきたが，品格経営では，自社内の改善活動は当然のこととし，自社以外の関連，関係企業，事案によっては地域にまでその範囲を拡大していくことを求めていくものである．また，改善活動についても，事後的な対応や応急処置的な対応だけでは不十分とし，未然防止の領域を拡大していくことを推奨している．さらに，定常的な領域のなかでの未然防止にとどまらず，非定常性の領域にまで踏み込んで管理の範囲を広げていくことを推奨している．

　この考え方は，サービス品質に対しても何ら変わるところはない．

　サービス品質の向上は，1社レベルで行うべきものではなく，チェーンストアや系列店，取引先といった企業グループレベルでの展開，原材料部門から調達・加工部門，製造，流通・販売部門に至るまでのサプライチェーンのなかで追求されるべきものであり，ときには産地としての地域性や経済圏レベルでの地域で考える必要があろう．

　また，マニュアル化された日常的なサービスレベルにとどまらず，不測

の事態や最悪の事態を想定しつつ，そのなかでどのように適切なサービス対応をするのか，管理領域の範囲を拡大していくことが，品格経営としてのサービス品質である．

そのためには，想定できる顧客要求のみならず，想定内外のトラブルなどにも目を向けて，未然防止の観点から管理していくことが肝要である．また，管理を通じて状況の数値化，指標の管理を行うとともに，質的総合評価レベルの引き上げを行う必要がある．

5.3.1 質的総合評価を高めるための基本

前述のとおり，品格経営では質的な総合評価の引き上げを重視する．そのためには，サービス品質においても品質の要素と特性を理解し，それをもとに顧客満足評価を行い，また指標（目標：あるべき姿）を管理していくことが重要である．

このような評価が可能となれば，顧客の求めるサービス品質と提供する側のサービス品質のギャップを解消することに役立つであろう．

早稲田大学教授の伊藤嘉博は，サービス品質の要素を大きく Quality，Hospitality，Amenity の 3 つに分けて考えている．Quality とは「人の質」であり，Hospitality は「接客の質」，Amenity とは「おまけや特典」である．このなかで重要なのが人の質であり，人の質を上げてこそ接客の質も向上するとしており，人の質を上げないまま接客の質を追求することは，大きな無理が生じるとしている．

元来，Amenity は付随的なものであり，いくら Amenity で顧客満足度の向上を図ろうとしても，コスト面で限界があること，恒常的な顧客満足には結びつかないことを指摘している．「おまけや景品を配る」「クーポンを配る」「値引きをする」などの Amenity では，一時的な顧客満足しか引き出せないのである．

提供しようとするサービスの品質水準を把握すること，また，その成果について顧客満足評価をもって測定することは実際のところ容易ではない．特にサービス業においては，従業員も顧客も変化・変容・移動が激し

く，人材の確保や固定客の創出・維持が至難であり，従業員，顧客ともに，不満足な状態が続くといとも簡単に離れていってしまう．その場合には，サービス品質の向上を図るより以前に，維持することが前提になることもある．

　適切な管理のもと，サービス品質の維持向上に努めていくためには，QFD（Quality Function Deployment：品質機能展開）の考え方が有用である．

　QFD は，品質の展開（Quality Deployment）と，業務機能の展開（Job Function Deployment）の総称としての造語である．サービス経営研究所の金子憲治は，品質の展開により，顧客の要求する商品やサービスの品質を明らかにすることができ，生産・提供面での留意点を明確にすることに役立つとしている．

　QFD は，1978 年に水野滋，赤尾洋二により体系化された手法であり，顧客に満足が得られる設計品質を設定し，その設計の意図を製造工程までに展開することを目的としたものである．つまり，品質は設計の段階から決まり，設計の段階から品質保証を考えようとするものである．

　QFD の考え方は，日本企業に端を発するものであり，1970 年代にブリヂストン，三菱重工業神戸造船所が導入しはじめ，その後，さまざまな企業が導入し，新製品開発や設計段階からの品質保証に有効な方法であることが報告されるようになり，普及していった．また，トヨタグループでも1970 年代に広く普及し，1980 年代にはアメリカ，ヨーロッパにもその考え方が移転され，普及していくことになった．

　サービス提供者に限らず，製造者についても，顧客とは商品やサービスの見方が異なる場合がある．例えば，顧客の望む「入力しやすく，閲覧しやすいスマートフォン」に対して，製造者の側には，スマートフォンの大きさや画面の照度，入力の反応度，色，柄などが関係してくる．これは，顧客の要望や不平・不満などの苦情に関わる情報を，どう理解し，どこまで製品の改善に結びつけるか，という問題でもある．

　例えば，実際にこのような問題に遭遇していた通信機器メーカーの

ファーウェイ(HUAWEI)では，QFDの手法を用いて顧客の声を設計の改善に結びつけていった．低価格スマートフォンで一躍，中国市場で人気を博し，市場シェアを拡大し続けていたファーウェイであるが，2013年には，利用者から「スマートフォンを立ち上げる際の照度が明るすぎる」「入力最中や閲覧最中の照度が明るすぎる」など利用者が寄せられる苦情に悩まされていた．

北京郊外にあるファーウェイの技術研究所がこの問題解決に取り組んでいたが，他社製品との照度の比較分析や，顧客満足の得られる適切な照度の範囲を再設定するために，顧客からの情報を，技術者の情報に置き換え，技術者の情報を設計者の情報に置き換える作業が行われていた．QFDの構想図を図5.3に示す．

QFDでは，顧客の声を品質特性(技術の言葉)に変換していく．技術者の言葉は製造者や開発者の言葉であり，製品やサービスの特性値として表現される．実際にそれを形作るには，その特性値と，それを実現するための工程(仕事や作業を進めていく順序や段階)や製造条件などを決める必要がある．また，製品を作る場合には，工程と関係部署や関係者との関係に

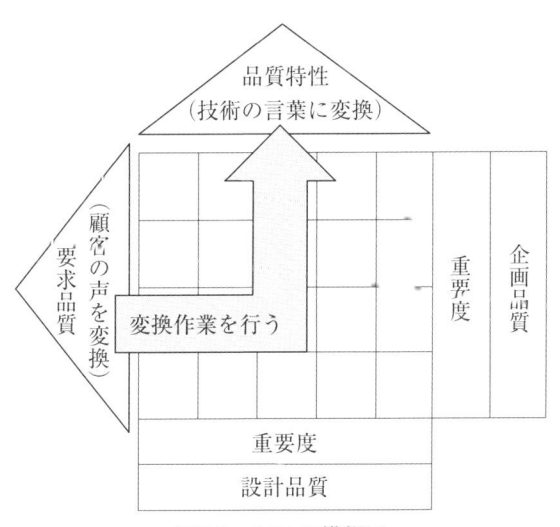

図5.3　QFDの構想図

第5章　サービス品質向上の重要性

ついても決めていく必要がある．その過程で重要度として特性の重みづけが行われ，企画品質や設計品質が作られていくことになる．QFDは，新商品や新サービスの開発だけでなく，製品やサービスの改良や改善でも用いられることがある．

5.4　品格経営に結びつく小集団改善活動

　一度，作り上げた製品やサービスが，ある一定の顧客満足を永遠に維持し続けるわけではない．新商品や新サービスの登場により既存の商品やサービスが陳腐化し，以前のような顧客満足を得られなくなることもある．

　うまくいっているときには，S→D→C→Aの管理サイクルを回し，標準化に重点を置いた日常管理を行えばよいが，うまくいかない場合には，P→D→C→Aの管理サイクルを回し，問題点や原因を明らかにし，最も重要な原因である真因に対して何らかの改善を施す必要がある．

　小集団改善活動には，さまざまなものがあるが，その代表的な活動の1つに小集団改善活動(QCサークル活動)がある．QCサークルとは，「現場の第一線で働く人たちが，継続的に，製品やサービスの質の管理や改善を行う小グループのこと」である．

　もともと，小集団改善活動は製造業を中心に導入され，品質経営の柱の一つとして重要な位置を占めてきたが，近年では，製造業中心のイメージを払しょくするとともに，広い産業分野での普及・浸透を視野に，QC手法の活用やQC的改善プロセスに固執しない小集団改善活動も行われるようになっている．

　その流れのなかで，医療・福祉業界や，情報通信業，運輸業，卸・小売業，食品業界などのサービス産業にも活動が普及していったものの，さまざまな理由から継続性，定着性の困難さを抱えている．

　例えば，年間を通じて繁忙期，閑散期の差が大きい職場や業種においては，閑散期には活動が行われるものの，繁忙期では活動を継続することが

できず，活動休止に追い込まれる，あるいは，活動休止によって停滞，衰退，消滅してしまうこともある．また，サービス産業特有の事情として，スタッフ，従業員の頻繁な異動や退職などによる人材の定着性の問題や，アルバイト，パートへの依存度の高さなども持続的活動への阻害要因になっている．さらには，経営者の姿勢である．離職率の高さを背景に，改善活動よりも標準化したサービスの徹底を図るあまり，固定化したマニュアルを重視している環境では，小集団改善活動は定着しにくい．

経営者の思いだけでは，現場レベルでの品格経営は成り立たない．現場レベルでの品格経営の実現には，方針管理，日常管理に加え，現場主体での小集団改善活動も重要である．次項では，品格経営に結びつく小集団改善活動について取り上げる．

5.4.1 福祉サービスと小集団改善活動

社会福祉法第3条によれば，福祉サービスとは「福祉サービスは，個人の尊厳の保持を旨とし，その内容は，福祉サービスの利用者が心身ともに健やかに育成され，又その能力に応じ自立した日常生活を営むことができるように支援するものとして，良質かつ適切なものでなければならない」のである．つまり，利用者が自分らしく，自分で普通に生活できるように，それぞれに合った支援やサービスを提供することにある．

かつては，措置としてのサービスが展開されてきたが，2000年の介護保険制度の施行により，福祉サービスは契約の時代に入ったのである[2]．すなわち，より質の良いサービスを提供する事業所が利用者に選ばれるようになったため，現代の福祉サービスにおいて質が重視されるようになった．

ここに福祉分野におけるサービス品質向上の転機が訪れたといえよう．

利用者にもっと満足してもらうために，福祉の仕事にもQCサークルの考え方や手法を用いた改善活動が取り入れられるようになったのである．

---

2) 措置制度の福祉サービスとは，福祉サービスを受ける要件を満たしているかを判断し，また，そのサービスの開始・廃止を法令にもとづいた行政権限としての措置により提供する制度のことをいう．

5.4.2 福祉QCの特徴

　社会福祉業界に小集団改善活動が広がり始めたのは，1990年代のことである．1990年代に社会福祉八法の改正が行われ，社会福祉業界の環境変化が加速した．福祉ニーズの多様化により，福祉施設が収容の場ではなく，生活の場であるとの認識変化が起こり，在宅福祉サービスの拡大，社会福祉施設への市場競争原理の導入などが行われたのである．

　長らく社会福祉業界では，外部からの第三者評価にもとづき組織運営がなされてきたが，環境変化のなかで旧態依然の運営から脱し，利用者本位のサービス提供体制の見直し，改善することで，「質」の高いサービス提供へと結びつける組織運営に変化してきている．

　ここでいう第三者評価とは，「サービスの提供事業者とそのサービスを受ける利用者という当事者間以外の第三者が，客観的に事業者のサービス体制やサービス内容を評価し，現時点の評価結果から出された問題，課題点を具体的にサービス提供事業者に示すもの」である．

　その体制の打破，脱却の意図も含めて，1989年に日本福祉施設士会が，「施設の活性化」の一手法として「福祉QC」の普及，推進を図ったのがその契機とされている．

　社会福祉業界でのQC活動は「福祉QC」と呼ばれているが，QCサークル本部が推進している小集団改善活動（QCサークル活動）とほぼ同義である．QC的なものの見方・考え方を福祉の実践分野に応用しており，現場の小集団改善活動であることはいうまでもなく，QC手法を活用して，QCストーリーに則った活動を展開している．

　細谷克也著，『QC的ものの見方・考え方』（日科技連出版社，1984年）によるとQC的ものの見方・考え方とは，
(1) 品質第一
(2) 消費者指向
(3) 後工程はお客様
(4) PDCAサイクル
(5) 重点指向

5.4 品格経営に結びつく小集団改善活動

(6) ファクト・コントロール
(7) プロセス・コントロール
(8) バラツキ管理
(9) 再発防止
(10) 標準化

などのことをいい，顧客サービスを第1に考え，事実をよく見て原因をつかみ，合理的に問題を解決するという考え方である．

また，QCストーリーとは，以下のような問題解決の手順のことである．(1)テーマの選定→(2)現状の把握と目標の設定→(3)活動計画の作成→(4)要因の解析→(5)対策の検討と実施→(6)効果の確認→(7)標準化と管理の定着→(8)反省と今後の課題(発表，報告書においては，これに(0) QC サークルの紹介，工程の概要，が加わる)．

この QC ストーリーは PDCA サイクルと対応しており，計画(P)に対応するのが，(1)テーマの選定，(2)現状の把握と目標の設定，(3)活動計画の作成，(4)要因の解析，(5)対策の検討であり，実施(D)に相当するのが，(5)対策の実施，確認(C)に相当するのが，(6)効果の確認であり，処置(A)に相当するのが，(7)標準化と管理の定着(9)反省と今後の課題である．

表 5.2 は福祉 QC の歩みを追ったもので，1990 年に第 1 回の福祉 QC 全国大会が開催されるなど，全国レベルでの活動が定着してきた感がある．

少子高齢化の進展を背景に，今後ますます医療福祉の分野は重要な産業分野になるため，日々の改善活動が大きな意味を持つであろうことに異論はないだろう

この福祉 QC は，製造業を中心に広く行われている QC サークル活動との共通点は多いものの，社会福祉業界特有の観点から相違点もある．これは，次節で取り上げる医療施設の場合も同じである．

社会福祉関係の小集団改善活動と製造業のそれとの大きな違いは，顧客は誰なのかという視点の違いに表れている．製造業の場合，企業内部・企業間の関係性のなかで改善活動が展開されているため，いわゆる BtoB の関係のなかでの改善活動である．一方，社会福祉の場合には，企業と顧客

第5章　サービス品質向上の重要性

表5.2　福祉QCの歩み（1989～2005）　その1

1989 年	4 月	日本福祉施設士会調査研究委員会に福祉 QC 作業部会を設置
	8 月	日本福祉施設士会常任理事・作業部会委員会合同合宿研修(赤根崎)
	秋	各地 5 法人 6 施設でのモデル施行を開始
1990 年	9 月	第 1 回「福祉 QC」全国発表大会開催(赤根崎)
		8 法人 11 施設(数年前から個別にはじめていた 5 施設を含む)
1991 年	3 月	福祉施設の QC 活動導入研究事業（丸紅基金）報告書発行
	10 月	第 2 回「福祉 QC」全国発表大会開催(赤根崎)　23 サークル発表
	10 月	『福祉 QC の実際―明日の福祉が見えてくる―』発刊
1992 年	7 月	第 1 期「福祉 QC」全国推進リーダー基礎講座開催(沖縄)
	10 月	第 3 回「福祉 QC」全国発表大会開催(伊東)　36 サークル発表
1993 年	6 月	第 2 期「福祉 QC」全国推進リーダー基礎講座開催(香川)
	8 月	第 4 回「福祉 QC」全国発表大会開催(赤根崎)　45 サークル発表
1994 年	2 月	第 1 回「福祉 QC」推進者講座開催(大阪)
	6 月	第 3 期「福祉 QC」全国推進リーダー基礎講座開催(宝塚)
	10 月	第 5 回「福祉 QC」全国発表大会開催(東京)　59 サークル発表
1995 年	2 月	第 2 回「福祉 QC」推進者講座開催(大阪)
	7 月	第 4 期「福祉 QC」全国リーダー基礎講座開催(大宮)
	10 月	第 6 回「福祉 QC」全国発表大会開催(湘南)　51 サークル発表
1996 年	2 月	第 2 回「福祉 QC」プロジェクト推進者講座開催(大阪)
	6 月	第 1 回「福祉 QC」入門講座開催(豊橋)
	9 月	第 3 回前期「福祉 QC」プロジェクト推進者講座開催(東京)
	10 月	第 7 回「福祉 QC」全国発表大会開催(大阪)　50 サークル発表
1997 年	2 月	第 3 回後期「福祉 QC」プロジェクト推進者講座開催(大阪)
	3 月	社会福祉施設の「福祉 QC」普及推進事業(長寿基金助成)報告書発行
	6 月	第 2 回「福祉 QC」入門講座開催(福岡)

（次頁に続く）

5.4 品格経営に結びつく小集団改善活動

表5.2 福祉QCの歩み(1989〜2005) その2

	9月	『福祉QC活動ガイドブック─明日の福祉が見えてくる Ver.2 ─』発刊
	10月	第8回「福祉QC」全国発表大会開催(東京)　48サークル発表
1998年	6月	第3回「福祉QC」入門講座開催(福島)
	10月	第9回「福祉QC」全国発表大会開催(東京)　45サークル発表
1999年	2月	第3回「福祉QC」推進者専門講座開催(東京)
	6月	第4回「福祉QC」入門講座開催(大阪)
	10月	第10回「福祉QC」全国発表大会開催(東京)　48サークル発表
2000年	1月	第4回「福祉QC」リーダー研修会開催(東京)
	6月	第5回「福祉QC」入門講座開催(神奈川)
	10月	第11回「福祉QC」全国発表大会開催(東京)　41サークル発表
2001年	1月	第5回「福祉QC」リーダー養成研修開催(東京)
	6月	第6回「福祉QC」入門講座開催(北海道)
	11月	第12回「福祉QC」全国発表大会開催(東京)　35サークル発表
2002年	1月	TQM・ISOを理解する施設長のマネジメント能力向上セミナー開催(東京)
	6月	第7回「福祉QC」入門講座開催(兵庫)
	11月	第13回「福祉QC」全国発表大会開催(東京)　44サークル発表
2003年	1月	改善活動管理者養成講座開催(東京)
	6月	第8回「福祉QC」入門講座開催(長野)
	11月	第14回「福祉QC」全国発表大会開催(東京)　45サークル発表
2004年	1月	改善活動管理者養成講座開催(神戸)
	6月	第9回「福祉QC」入門講座開催(広島)
	8月	QCサークルセミナー開催(東京)
	10月	施設長実学講座においてTQM講座開催(東京)
	11月	第15回「福祉QC」全国発表大会開催(東京)　55サークル発表
2005年	2月	改善活動管理者養成講座開催(名古屋)

(出典)　日本福祉施設士会・「福祉QC」全国推進委員会,『福祉QC』活動ガイドブック─明日の福祉が見えてくる ver.3 ─』,全国社会福祉協議会,2005年,pp.45-46より作成.

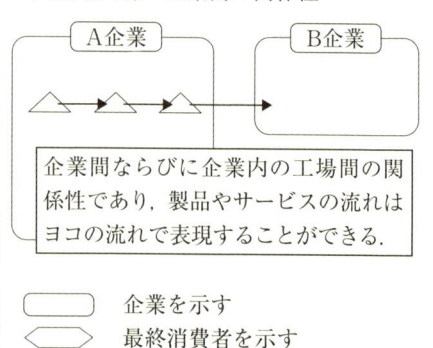

の関係性，いわゆる BtoC の関係性のなかで改善活動が展開される．

サービス品質の問題は，BtoB の関係性よりも BtoC の関係性のなかでよりみられる．

福祉施設における顧客は，その施設に入所した入居者のほか，その施設への入所を勧めた家族や親族といった利用者も含められる．

また，医療施設における顧客は患者であり，本人もしくはその家族が主に該当する．一方，製造業では「次工程はお客様」といわれるように，顧客は後工程の作業者であったり，次工程を担う企業であったりする．いずれも顧客という概念で括れるものの，作業ミスやトラブルがもたらす問題が引き起こすインパクトには大きな違いがある．

特に，モノやサービスの流れについて，原材料部門を上流，最終顧客を下流とした場合，製造業では，企業内部や企業間関係のなかで小集団改善活動が行われることが多いため，図5.4にあるようなヨコの関係性と捉えることができる．一方，福祉 QC においては，施設サービス提供者と入居者といった関係性であるため，タテの関係性と捉えることができる．

表5.3 は，福祉 QC，小集団改善活動，シックスシグマとの比較を試みたものである．この表からもわかるように，取組み主体，目的，手法など

図5.4 福祉QCと製造業のQC

に，やや違いを見出すことができる．

　福祉 QC において，より品格経営に近づける活動を推進していくためには，現場スタッフレベルの改善から患者，その家族含めたレベルでの改善が必要になる．今まで，福祉 QC における小集団改善活動は，現場スタッフにとっての利便性や作業効率化を重視した改善が多く，患者やその家族を含めた施設利用者の満足度を高めるような改善は，必ずしも多くなかった．

　しかし，近年の福祉 QC に見る特徴として，徐々にではあるが，施設利

表5.3　福祉QCの他の改善活動との共通点と相違点

		タテの改善活動	ヨコの改善活動	
		福祉 QC	小集団改善活動	シックスシグマ
共通点	1	現場の改善活動		
	2	期間限定の改善活動		
	3	8つのステップ（①テーマ選定②現状把握③目標設定④活動計画⑤原因解析⑥対策の立案・実施⑦効果の確認⑧歯止め）がある		
相違点	1	取組み主体	社会福祉法人，施設	現場の職制	営利企業
	2	目的	顧客満足度重視	現場の効率化重視	利益重視
	3	手法	PDCA サイクル	PDCA，SDCA サイクル	DMAIC の5ステップ
	4	モチベーション	職員のスキルアップ・人材育成		各々のステータスはすでに確立されている
	5	効果	有形・無形		有形
	6	具体的な効果	明るく活き活きとした職場環境が生まれる		金額的成果のみ
	7		新しいサービス提供システムがつくられる	業務の効率化	

用者の満足度を高めるような改善テーマが選定されていることがあげられる．また，小集団改善活動に精通する QC 指導員や QC 委員が現場スタッフの改善活動への積極的支援により，質の高い改善活動が行われるようになってきている．QC 指導員や QC 委員が積極的に介入し，昼勤，夜勤の交代性勤務のある職場や不規則な勤務体系での改善活動をサポートすることで，質の向上に結びつけているのである．しかしながら，QC 指導員や QC 委員の手助けはあるものの，サークルメンバー自らが「気づき」力を高める努力を行っている点は強調しておきたい．

なお，QC サークル北海道支部では，近年，医療福祉分野での改善事例報告が増え，年1回開催される支部の札幌大会では，医療福祉分野のみの改善事例発表会場を特別に設けるほどになっている．

5.4.3 福祉 QC の推進阻害要因と対策

品格経営を意識した福祉 QC 活動をめざす施設にあっても，活動の浸透の妨げになる要因はある．2012 〜 2014 年にかけて北海道のいくつかの福祉施設への聞き取り調査を行ったなかで，以下の要因が多く見られた．

(1) 福祉 QC を展開するうえでの現場スタッフの負担の増加
(2) 利用者側への配慮も必要であり，「この利用者の○○を改善しよう」ということになれば，事例発表に当たり，利用者のプライバシーを公表することにもなりかねないこと．
(3) 特定のサークルメンバーの育成を重視するあまり，特定のサークルメンバーの活動成果は高まるものの，それ以外のサークルメンバーの職員が無関心でいること．
(4) 現場スタッフの人材確保の問題と，人材の定着性の問題．福祉制度がめまぐるしく変更されていること，特に措置制度から契約制度への変更により，簡単に国も措置をしなくなり，なかなか定員を充足できない点，また，重労働の作業を回避できないことから離職率の高さに結びついていること．
(5) 利用者と血縁関係がない分，乗り越えるのに難しい課題があり，それ

5.4 品格経営に結びつく小集団改善活動

を乗り越える力，乗り越えようとする工夫のある人の確保が難しいこと．

などである．

こうしたハンデは，多くの福祉施設で観測される点ではある．これらの問題を乗り越え，品格経営に近づけるための取組みとして必要なのは，「気づき力」の向上である．問題解決能力の向上も大切であるが，問題発見能力，未然防止能力の向上に努め，マニュアルの見直しや整理を通じて根本原因を追求し，未然防止策を考案していくなどの対応や，作業中におけるヒヤリ・ハットした体験を定められた様式に従って報告するヒヤリ報告を徹底するなど，普段から未然防止策に加えて気づき力を磨く努力を行うことが重要である．

また，こうした未然防止型の小集団改善活動を推進するためには，未然防止型 QC ストーリーを活用した改善活動も有用である．表 5.4 に，未然防止型 QC ストーリーの各ステップとそのポイントを示す．また，表 5.5 に未然防止ストーリーで用いる 7 つの手法を示す．

表5.4 未然防止型QCストーリー（その1）

ステップ	ポイント
1. テーマの選定	顧客（後工程）のニーズや職場の方針を理解する．顧客（後工程）の話をよく聞く．職場が提供している製品・サービス，あるいは行っている業務をリストアップしたうえで，量とトラブル・自己の起こりやすさを点数づけし，取り組むものを選ぶ．
2. 現状把握と目標の設定	① 選んだ製品・サービス／業務に関するトラブル・事故の情報を集め，「防ぐ技術があったのか」という点から分類し，あったものとなかったもののどちらが多いかを把握する． ② 防ぐ技術はあったにもかかわらず，うまく活用していなかったために起こったトラブル・事故が多い場合には，人，設備，環境など，何に起因するものが多いか，人に起因するものが多い場合には知識・スキル不足，意図的な不遵守，意図しないミスのどれかが多いかを把握する．

(次頁に続く)

表5.4　未然防止型QCストーリー(その2)

ステップ	ポイント
2. 現状把握と目標の設定	③　把握した結果にもとづいて目標を設定する．何を，いつまでに，どこまで改善するのか，どのような体制で進めるのかを明確にする．
3. 活動計画の策定	目標を達成するまでの大まかな活動の進め方（1. テーマの選定～8. 反省と今後の課題）を，日程や担当とともに示す．
4. 改善機会の発見	①　過去のトラブル・事故の原因となった失敗（人の不適切な行動や設備の故障など）を整理し，失敗モード一覧表を作成する．
過去の失敗の収集と類型化	②　テーマとして選んだ製品・サービス／業務に関する作業手順または設備を，業務フロー図／機能ブロック図を使って書き出し，検討のしやすさ大きさ(要素)に分解する．
起こりそうな失敗の洗い出し	③　FMEA（失敗モード影響分析）を活用し，それぞれの要素に失敗モード一覧表を適用し，起こりやすそうな失敗を洗い出す． ④　それぞれの失敗についてRPN(危険優先指数)を求め，対策の必要な失敗を明確にする．
5. 対策の共有と水平展開	①　過去に成功した失敗防止対策（エラープルーフ対策や故障対策など）を整理し，対策発想チェックリストや対策事例集にまとめる．
対策案の作成	②　対策の必要な失敗に対して対策発想チェックリストや対策事例集を適用し，対策案をできるだけ多く作成する．
対策案の評価・選定・実施	③　対策分析表を活用し，対策案を有効そうなものとそうでないものを振り分ける． ④　有効そうな対策案を組み合わせて最終的な案をまとめ，実施する．
6. 効果の確認	対策を実施した後に，適切なデータを収集・分析し，その効果を確認する．
7. 標準化と管理の定着	①　他の人たちが学べるように活動のプロセスを文書化し，発表する． ②　活動を通して得られた知見を，職場で使用している作業標準書／技術標準書／対策発想チェックリスト，対策事例集，失敗モード一覧表，FMEAなどに反映する． ③　対策が不十分なものは，継続的監視・検討が必要なものとする．

(次頁に続く)

5.4 品格経営に結びつく小集団改善活動

表5.4 未然防止型QCストーリー(その3)

ステップ	ポイント
8. 反省と今後の課題	① 活動を振り返り，今後の活動に活かす． ② 活動を通したメンバーの能力向上・成長を評価する．

(出典) 中條武志：「未然防止型QCストーリーのポイント」，『QCサークル』2015年6月号，No.647，p.12，表・1，日本科学技術連盟．

表5.5 未然防止型QCストーリーのための7つの手法

手法名	内容
失敗モード一覧表	過去に発生した多数のトラブル・事故を集めて横断的に眺め，それらに共通するものを「失敗の型」として整理したもの．エラーモード一覧表，故障モード一覧表などがある
業務フロー図／機能ブロック図	業務を構成する「活動」の関係をインプット／アウトプットのつながりに着目して書き表したもの．設備などを構成する「物」の関係を機能（働き）に着目して書き表したもの
FMEA（失敗モード影響分析）	対策を要素に分解したうえで，各要素に失敗モード一覧表を当てはめて起こりやすそうな失敗を洗い出し，失敗ごとにリスクの大きさを見積もって対策すべき失敗を明確にする方法
RPN（危険優先指数）	リスクの大きさを見積もるために，発生度，致命度，検出度（事前に検出できない度合）をそれぞれ3～10段階で点数づけし，その積を求めたもの
対策発想チェックリスト	過去に実施し，有効だった対策の事例を集めて整理し，対策案を作成する場合にアイデアを発想するためのきっかけを与える項目または質問のリストにまとめたもの
対策事例集	対策について，対象となる作業／設備と失敗，対策の着眼点，改善前，改善後，効果・費用などを1件1枚でまとめ，容易に検索できるようにしたもの
対策分析表	対策案の内容と評価項目（有効性，コスト，継続容易性など）を明確にしたうえで，複数の対策案を多元的に評価し，その結果にもとづいてどの対策案を選ぶかを決めるための表

(出典) 中條武志：「未然防止型QCストーリーのポイント」，『QCサークル』2015年6月号，No.647，p.13，表・2，日本科学技術連盟．

5.4.5　看護・医療現場での小集団改善活動

　福祉施設でのサービス品質向上で述べたことは，看護・医療現場でも相通ずる内容が多い．特に人的サービスの質の向上が求められ，患者や入居者，利用者の中には，特定のナースや現場スタッフでなければサービスを拒んだり，揉めたりする者も多い．

　女性には女性のナース，男性には男性の現場スタッフという単純なものではなく，意外にも応対の仕方に起因するものが多い．

　そのため，患者や入居者を施設に受け入れる段階から，顧客との信頼関係を構築することが重要であり，精神的ケアも含めた治療行為が求められている．

　気普段から気づき力の工夫改善は，看護・医療現場でも特に重視すべき点であり，基本的サービス技能を訓練し，その能力向上を図ることが重要である．

　『事例で学ぶ　医療CSの実践』(高橋啓子著，日総研出版，1997年)によると，特に重要なサービス技能は以下の4つである．

① 聴き方の技能……相手のいっていることを聴き，理解する力
② 共感の技能……相手の不快感や困惑や悩みを感じ取る技能
③ 確認の技能……問題や質問が何かを理解し，相手の満足感を満たすのは何かを知る技能
④ 行動をとる技能……問題を取り除いたり，質問に答えたり，要望を満たしたりする技能

　こうした技能を身につけて気づき力を高めていく一方で，顧客の本当の満足はどこにあるのかを判断していくことも重要である．

　例えば，入院前は介助なしで排泄行為ができていたのに，筋力低下の過程で介助なくしては排泄行為ができなくなる患者もいる．下着を脱ぐ行為に手間取り，排泄行為に入れない患者を思わず手助けする．このような患者からいわれる前に介助に入る行為は，果たして顧客満足を高めるサービス品質といえるだろうか．

　本来的には，介助なしで排泄ができることが患者にとっての「当たり前

品質要素」であり，それを差し出がましく，未然防止の観点から介助に入る行為は，解釈によっては患者の当たり前品質要素を阻害する行為になりかねない．

　ポータブルトイレへの介助移動から，オムツの着脱訓練への切り替えにより，介助の項目を1つ減らし，患者の自律的な行動を増やしてあげる行為，ときには黙って見守る行為が，患者との信頼関係を構築し，患者自身の満足度を高めることにもなるのである．

　未然防止の観点から患者への介助項目を増やし，管理項目を増やすことは，それ自体が看護上の負担の増加を招く要素になる．また，看護上の負担をいたずらに増加させることが，サービス品質の向上になるとは限らない．サービス品質の向上には負担がつきものであるとの安易な発想はせず，真の顧客の満足はどこにあるのかを念頭に，改善を工夫することが大切である．サービス品質の向上に際して，改善は必要であるが，あえて管理項目を減らし，活動の工夫によって高い顧客の満足度を引き出すことは可能である．

5.5　チーム医療と地域医療から捉える品格経営

　ここでは，医療現場の一例から品格経営実践に向けてのヒントを探っていこう．チーム医療における連携や状況判断，また期待される在宅医療の機能化に向けての地域医療のあり方は，大いに参考になる．佐藤エキコは，著書『新体系　看護学全書　看護実践マネジメント　医療安全』（メヂカルフレンド社，2012年）において，医療安全の視点から「看護実践マネジメント」のあるべき姿をまとめている．

5.5.1　チーム医療での多重課題への対処

　医療および福祉の現場では，些細なミスであっても，それが人命にかかわる大きな問題に発展する可能性を大いに秘めている．製造業においても，小さなミスにより人命を危険にさらす職場はあるものの，最終顧客に

第5章　サービス品質向上の重要性

対して直接的なサービスを行う医療および福祉の現場では，そのリスクは大きい．

　病院では，患者や家族を中心とした医療を提供するために「医療チーム」を形成し，サービス医療を提供する体制が構築されている．医師や看護師だけで医療を行うことは困難であり，多くの病院では，病院長を組織のトップに，看護師，診療放射線技師，理学療法士，作業療法士，言語聴覚士，医師，栄養士，医療ソーシャルワーカー，薬剤師といった各分野の専門家が協力し合う医療チームメンバーが形成され，1人の患者に対して協働して医療サービスを提供する．医療チームは，患者に対して医療サービスを提供する際に，大量の情報を活用しているが，その一方で，患者がその医療内容についてよく理解し，質の高い医療を選択し，安心して医療が受けられるようにしている．それを可能にしているのが，医療情報の電子化である．近年，電子カルテの導入が進んでおり，情報の一元化，情報の共有，医療安全対策，病院のコスト管理，蓄積データの分析などに大きく貢献している．

　チーム医療の効果を上げるためには，こうした情報活用のみならず，職種間の連携のほか，緊密なコミュニケーション，それぞれの医療従事者がもつ知識と情報の共有化などが必要となる．具体的な方法としては，診療記録の一元化，医療従事者や患者がともに医療の流れを把握できるためのクリティカルパスの活用，他の職種の専門スタッフが患者に対してどのようなことを行っているのかを知る機会としてのカンファレンスの開催，日常的な交流，検討会や勉強会などがあげられる．

　しかし，看護の日常業務のなかでは，病棟の日課に沿って予定されている業務が同時刻に集中する場合や，電話やナースコール，人工呼吸器などの医療機器のアラームの対応など，1つの業務を遂行している最中に予定外の別業務が割り込んでくるなどの多重課題が恒常的に発生している．予期せずに発生する多重課題は，事前の行動計画では対処できないものであり，臨機応変な判断が求められる．現在，行っている作業と新たに発生した業務のどちらを優先し，対応すべきか，瞬時に選択し，対応していくこ

とが求められる．その判断を決めるのが，「患者の安全にかかわる重要度と緊急度」である．

基本的には，重要度と緊急度を照らし合わせ，優先順位の高い業務から対処していくことになるが，その業務は多様であり，それに対処するための行為の複雑さや難易度のほか，自分自身のその行為を処理するための技量（知識，習得・習熟度）も関係してくる．

チーム医療で成果を上げるためには，自分自身の技量を向き合い，その限界を見きわめて対処すること，またチームの一員としての自覚を持ち，チームリーダーやチームメンバーとの患者の情報の共有やホウレンソウ（報告，連絡，相談）を密にすることが求められる．

元来，チーム医療による効果として期待されているのは，疾病の早期発見や回復促進，重症化予防といった医療および生活の質の向上だけでなく，医療従事者の負担軽減，医療現場の活性化，高い安全性の確保である．しかしながら，各医療スタッフの技量が均一化されていない，メンバー間のコミュニケーションが不十分，チーム医療の教育不足といった問題点も顕在化しつつある．そのため，チームワークを機能させるためには，各医療スタッフの能力向上に加え，情報伝達システム作りが課題とされる．

品格経営にある非定常性の管理を日常管理に組み込んでいく場合にも，上記の例は参考になるであろう．

5.5.2 地域医療と在宅医療

また，高齢化社会を迎えたなかで，近年，ますます重要度を増しているのが「在宅医療」である．地域ぐるみで支え合う医療支援体制の構築が急がれている．品格経営で重視する地域レベルへの拡大領域を図る試みの1つであるといえよう．

特に，2013年以降，在宅医療・介護の推進化が試みられており，そのなかで，従来のネットワークを超えた地域医療体制の重要性が高まっている．より具体的には，医療・介護サービスの一体化，地域包括ケアシステ

ムというネットワークの構築化が急務の課題である．しかしながら，差し迫る課題に対して，地域によっては，訪問診療を提供している医療機関の数も十分とはいえず，地域連携も十分機能していない現状がある．

社会保障審議会介護保険部会（第46回）資料（2013年）および厚生労働省医政局指導課在宅医療推進室の広報資料（2013年）からは，以下の構築体制のビジョンを垣間見ることができる．

① 地域の医療・福祉資源の把握および活用
・地域の医療機関などの分布を把握し，地図又はリスト化し，関係者に配布
② 在宅医療・介護連携に関する会議への参加又は関係者の出席の仲介
・関係者が集まる会議を開催し，地域の在宅医療・介護の課題を抽出し，解決策を検討
③ 在宅医療・介護連携に関する研修の実施
・グループワークなどの多職種参加型の研修の実施
④ 24時間365日の在宅医療・介護提供体制の構築
・主治医・副主治医制などのコーディネート
⑤ 地域包括支援センター・介護支援専門員・介護サービス事業者などへの支援
・介護支援専門員からの在宅医療・介護に係る総合的な問合せへの対応

在宅での医療や介護には，多職種による専門家チームの存在が前提とされているものの，患者と介護者が住み慣れた自宅や地域で安心して暮らすためには，地域をあげた連携が不可欠である．医療機関では，救急搬送先の急性期病院から回復期のリハビリテーション病棟・病院，維持期におけるかかりつけ医まで，地域全体で分担して診療する仕組みを構築しているところが増えてきている．今後の課題としては，在宅療養支援診療所や訪問看護ステーションなど，医療と福祉の緊密な連携を構築していくこと，医療情報を共有するネットワークの整備・強化などがあげられる．

品格経営を地域レベルで実践するためには，多職種の緊密な連携と情報

の共有化が欠かせない．また，何が問題であり，その解決策にはどのようなロードマップがあるのかを検討し，必要に応じて研修や勉強会を行い，交流することが必要になる．また，こうした関係性を構築するためには，チーム医療関係者を巻き込み，誰が主体となってコーディネートするのか，利害関係者含め，地域に精通した自治体や医療関係者との継続的な橋渡しや交渉能力を持った人材が不可欠である．また，こうした能力をもった人材育成も地域の課題になるであろう．

コラム
サービスのイノベーション

　中国上海では，2013年からタクシーの予約，呼び出しがスマートフォンの専用アプリから行えるようになった．地元の顧客の要望により実現した新たなサービスである．この専用アプリを通じて事前に予約を行えば，優先的にタクシーが指定時刻，場所に配車される．これまで，日本同様に流しのタクシーを主要道路に出て拾うか，あるいは知己のタクシー会社や運転手に電話で予約をするなどの方法が主流であったものが，スマートフォンのアプリを介しての予約方法が主流になったことで，タクシー会社にとっては「流し」といわれる次の顧客を乗せるまでの顧客遭遇機会の非効率が解消され，効率的な配車管理ができるようになった．一方，地元住民は予約方法がスマートフォンのアプリの利用により簡素化し，利便性が増したことで，利用機会が増えた．ここまでは，サービス品質の向上の成果といえるだろう．

　しかし，意外なところでサービス品質の低下を招いている．中国への観光客は，この新しいサービス革新にかかる情報を得ていない場合が多く，そのため，タクシー待ちをしようにも都市部ではなかなかタクシーを捕まえることができないという場面にたびたび遭遇してしまう．

　いずれ観光客にも現地タクシー業界のサービス品質向上の情報が広まり，利用客の利便性は高まっていくものと思われるが，サービス品質向上

第5章　サービス品質向上の重要性

の効果が浸透するまでのタイムラグは存在するのである．

より深く学びたい人のために（参考文献と推薦図書）

[1] 伊藤嘉博：『品質コストマネジメントシステムの構築と戦略的運用』，2005年．
[2] 長田洋：『ものづくり日本の品質力』，日科技連出版社，2010年．
[3] 金子憲治：『サービス品質の見える化・ビジュアル化』，日科技連出版社，2009年．
[4] 佐藤エキコ：『新体系　看護学全書　看護実践マネジメント　医療安全』，メヂカルフレンド社，2012年．
[5] 全国社会福祉施設士会・「福祉QC」全国推進委員会：『「福祉QC」活動ガイドブック―明日の福祉が見えてくる ver.3 ―』，全国社会福祉協議会，2005年．
[6] 髙橋啓子：『事例で学ぶ　医療CSの実践』，日総研出版，1997年．
[7] 谷村富雄：『ヒューマンエラーの分析と防止』，日科技連出版社，2004年．
[8] 中條武志：「未然防止型QCストーリーを使いこなそう」，『QCサークル』，2015年6月号，日本科学技術連盟．
[9] 細谷克也：『QC的ものの見方・考え方』，日科技連出版社，1984年．
[10] 山田佳明，新倉健一，下田敏文：『QCストーリーの基本と活用（はじめて学ぶシリーズ）』，日科技連出版社，2012年．
[11] 狩野紀昭，瀬楽信彦，高橋文夫，辻新一：「魅力的品質と当り前品質」，『品質』，14(2)，pp.147-156，日本品質管理学会，1984年．
[12] 水野滋：「品質の評価」，第14回品質管理シンポジウム「品質の評価」報文集，日本科学技術連盟，pp.5-6，1971年．
[13] 石川馨：「講座　品質解析　第1講」，『品質管理』，Vol.24，No.1，pp.70-82，1973年．
[14] 飯塚悦功：『品質管理特別講義（基礎編）』，日科技連出版社，2013年．
[15] 赤尾洋二：『品質展開入門』，日科技連出版社，1990年．
[16] 大藤正，赤尾洋二，小野道照：『品質展開法(1)』，日科技連出版社，1990年．
[17] 大藤正，赤尾洋二，小野道照：『品質展開法(2)』，日科技連出版社，1994年．

索引

【A-Z】

Act　28
BCM　39
BCP　38
Check　28
CSR　46
Do　28
GDP　49
GRP　49
ICT　73
ISO　3, 21
ISO 14000　21
ISO 22301　21, 38
ISO 27001　21, 75
ISO 31000　75
ISO 9001　22
IT　73
PDCAサイクル　27, 28, 29, 105
Plan　27
PM理論　35, 36
QCサークル活動　102, 104
QCストーリー　105
QFD　100, 101
SNA　49
SQC　46
TQM　15

【あ行】

当たり前品質　90, 92
安全管理措置　82
域内総生産　49
一元的品質　90, 91
衛生要因　91
オーバースペックシンドローム　92

【か行】

過剰品質　92
狩野モデル　91
可用性　76
環境変化　13
完全性　76
企画品質　5
企業の社会的責任　46
機密性　76
逆品質　92
業界規格　41
経営ビジョン　42
経営品質　13
経済波及効果　53, 58, 59, 54
継続的改善　16, 37, 38
高付加価値製品　11
顧客重視　16
顧客満足　71
顧客満足モデル　91
国際規格　22, 23, 41

121

索引

国際標準化機構　21
国内総生産　49
国民経済計算　49
国家規格　22, 23, 41

【さ行】
サービス技能　114
サービス品質　87, 88, 96, 97, 99
サプライチェーン　40
産業連関表　47, 48
産業連関分析　48
事業継続計画　38
事業継続マネジメント　39
市場品質　5
事前期待　96
シックスシグマ　46
小集団改善活動　102, 104
情報　68
情報管理　72
情報サービス産業　73
情報セキュリティ　72, 77
　——のCIA　75, 76
情報品質　69, 70
情報漏えい　84
新規需要　51, 53, 55
真正性　77
信頼性　77
製造品質　5
責任追跡性　77
セキュリティリスク発生可能性評価
　79

設計品質　5

【た行】
地域規格　23, 41, 22
地域表　51
知恵　68
知覚価値　97
知覚品質　96
知識　68
データ　68
データ品質　70
動機づけ要因　91

【な行】
日本版SOX法　74
日本版企業改革法　74
二要因理論　91

【は行】
否認防止　77
品格経営　7, 8, 9
品質　2
品質概念　5
品質機能展開　100
品質経営　7, 13
品質マネジメントの8原則　16, 70
福祉QC　104, 108, 109
福祉サービス　103
不正アクセス　80
プロセスアプローチ　16

【ま行】

マイナンバー制度　81, 82
マイナンバー法　81
マネジメントシステム　26
見える化　98
未然防止型QCストーリー　111, 112, 113
魅力的品質　89, 90, 91
無関心品質　92

【ら行】

リーダーシップ　16
利害関係者　71
力量　30, 31
力量総合評価表　33, 34
リスクアセスメント　78, 80
リスクマネジメント　29, 30

著者紹介

中山健一郎（なかやま　けんいちろう）
札幌大学 地域共創学群　経営学系教授
QCサークル北海道支部　副世話人
専門分野：生産管理論，品質管理論，自動車産業論，技術移転論
著書など
「2000年代以降の中国品質管理の新展開―中国質量協会調査報告―」，『産研論集』第48・49号合併号（札幌大学経営学部）
「マザー工場制の現状と方向性」，『日本自動車メーカーの海外展開と国内基盤強化の方向性　機械工業経済研究報告書H20』，機械振興協会経済研究所，2009年3月
「新興国市場拡大を見据えた日本的品質管理の方向性を考える」，『工業経営研究』第29巻（工業経営研究学会学会誌），2015年9月
執筆担当：第1章，第5章

武者 加苗（むしゃ　かなえ）
札幌大学　地域共創学群　経済学系准教授
QCサークル北海道支部　幹事
専門分野：地域経済学，産業連関論
著書など
『関西経済の構造と景気指数』（共著，日本評論社，2012年）
執筆担当：第3章

菊地 武（きくち　たける）
株式会社 システックアイ　代表取締役 コンサルティング事業部 統括部長
一級建築士
SGSジャパン株式会社　認証サービス事業部　主任審査員
専門分野：経営戦略，マネジメントシステム構築，品質管理，リスクマネジメント，IT戦略，CSV・CSR戦略，顧客苦情対策管理，内部統制，人事評価，データ分析，建築／土木構造設計，コミュニケーションマネジメント
執筆担当：第2章，第4章

品格経営の時代に向けて

2015 年 9 月 22 日　第 1 刷発行

著　者　中山　健一郎
　　　　武者　加苗
　　　　菊地　武
発行人　田中　健

発行所　株式会社　日科技連出版社
　　　　〒151-0051　東京都渋谷区千駄ヶ谷5-15-5
　　　　DS ビル
　　　　電話　出版　03-5379-1244
　　　　　　　営業　03-5379-1238

検印省略

印刷・製本　三秀舎

Printed in Japan

© Ken'ichiro Nakayama, Kanae Musha, Takeru Kikuchi　2015
ISBN 978-4-8171-9556-2
URL　http://www.juse-p.co.jp/

本書の全部または一部を無断で複写複製(コピー)することは，著作権法上での例外を除き，禁じられています．